崩壊する日本の公教育

鈴木大裕
Suzuki Daiyu

目次

第5章　「教師というしごとが私を去っていった」——教育現場における「構想」と「実行」の分離

終章 「遊び」のないところから新しい世界は生まれない ―― 243

本文中の肩書きは、当時のものです。

はじめに

花火大会は誰のもの

2016年に出版した『崩壊するアメリカの公教育　日本への警告』の「はじめに」で、私は当時日本でも始まりつつあった花火大会の有料化に危機感を示している。かつては人々の当然の権利であったものが「商品」として売られていくのを、私たちはどこまで許容できるのだろうか、と。

昔、花火大会は、祝いや死者の慰霊の意味をこめて公衆の憩いのために行われていたものので、そもそも採算を取ろうとするような催しものではなかった。ところが今日、花火大会が観光事業化・商業化する中でそのような公共性は薄れ、子どもからお年寄りまで「誰もが楽しめる夏の風物詩」としての花火大会は過去のものとなりつつある。

あれから8年。そのような傾向はおさまるどころか逆に加速している。帝国データバンクの調査によれば、2023年に有料観覧席を導入したのは全国106の主要花火大会の約7割にのぼり、有料席の階層化が進む中、平均料金もこの4年で跳ね上がっている。有料観覧席の創設から始まり、いわゆる「ダイナミックプライシング」による富裕層をターゲットとした高額プレミアムシートが導入され、ついにはチケットを購入していない人たちの排除が始まるのだ。[*1]

　2023年夏、コロナ禍で中止が続いていた花火大会が、4年ぶりに各地で開催された。しかし、花火に使う火薬代や、人手不足などによる警備費の高騰などで、どの自治体も経営面で苦戦し、中には中止を決定した自治体もある。

『崩壊するアメリカの公教育　日本への警告』岩波書店、2016年

　例年35万人以上が訪れる「びわ湖大花火大会」では、4年前と比べ約1億円増額したという大会経費3億円を捻出するために無料席を減らし、有料席を5万席に拡大した。最も安い席で4800円のレジャーシートエリア。中高校生が友達同士で観《み》に行

くにも、気軽には購入できない金額だ。そして6000円の普通席、2万5000円のエグゼクティブシート、6万円の床几席《しょうぎせき》などと、料金に幅を設けた。

それ以上に物議を醸したのが、有料エリア以外の場所での立ち見を防ぐために設置された高さ約4メートルの「目隠しフェンス」だ。[*2] 人が立ち止まることで雑踏事故が起こる危険性があったと実行委員会は説明する。しかし、目隠しフェンスの設置を機に地元住民の不満が爆発。「有料席を購入できる人は限られ公平性に欠ける」として地元自治連合会が大会実行委員会（滋賀県、大津市、観光振興団体などで構成）に決議文を出すなど、地元が反対を求める中での花火大会開催となった。決議文は問う。「だれのための花火大会か、何の意味が花火大会にあるのか[*3]」

自治体が公然と格差を肯定し、多くの市民を排除することにすら違和感をもたないくらい、人々の感覚は麻痺《まひ》してきている。お金を払わない者は、遠くから小さな花火を見るしかなく、それが当たり前と思っている今の子どもたちはきっと、「勝ち組」を目指して競い合うように刷り込まれていくのだろう。

びわ湖大花火大会当日、近隣の都市部から来た家族連れなどが優雅に花火を楽しむ浜辺の特等席の外では、ひとめ見ようと目隠しフェンスのすきまに人だかりができていた。先

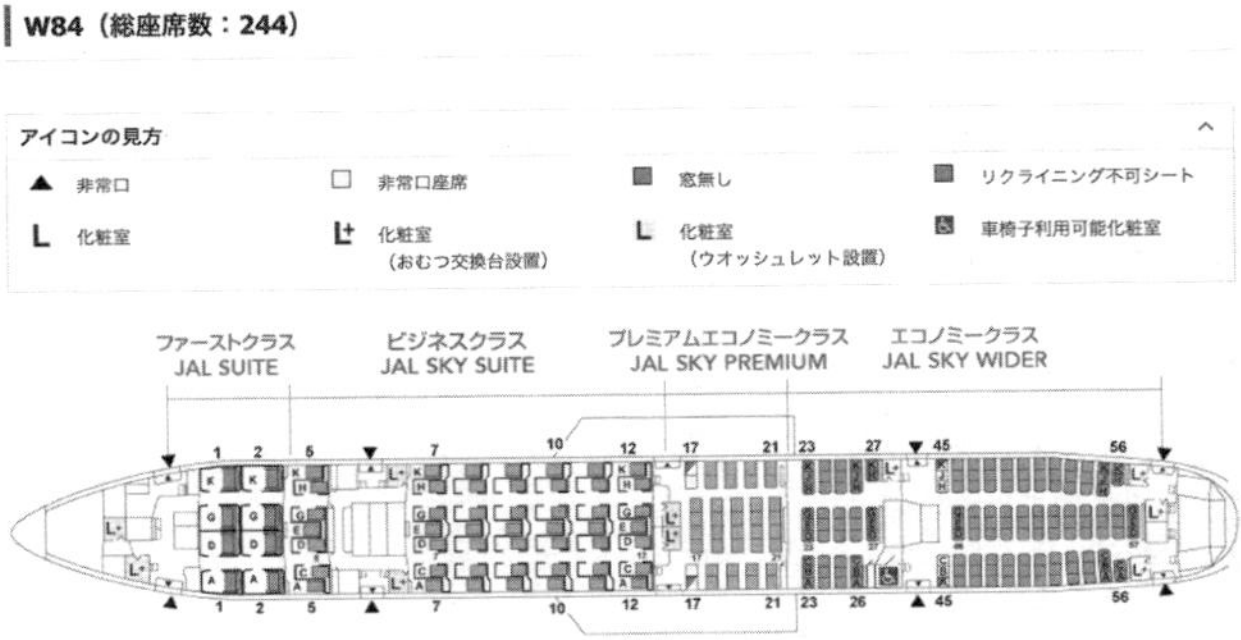

ボーイング777-300ER（773）　機内座席配置（JALホームページより）

述の自治連合会会長は、フェンスにしがみついて花火大会を見ようとする人たちを申し訳なさそうに見つめ、こう嘆いた。「この壁が人の気持ちを変えてしまう」[*4]

金持ちが「幅をきかせる」社会

もうずいぶん前になるが、留学のために初めて渡米した時の記憶が、今でも強烈に私の脳裏に刻み込まれている。成田空港国際線の搭乗口で、16歳の私が緊張しながら一人で待っていると、「ファーストクラス」がアナウンスで呼ばれ、航空券にそのような階級があることを初めて知った。まだかと待っていたら、次に呼ばれたのは「ビジネスクラス」だった。ようやく機内に乗り込むと、すでに悠々と座っている裕福な人々の間を抜けてから、奥の狭い席に着かされることに、えげつない世界だなと感じた。

それが今日では、当時とは比較にならないくらい金持ちが「幅をきかせる」社会になってきている。羽田発ニューヨーク行きの便を見てみると、日本航空も全日空も機体の半分以上をファーストクラスとビジネスクラスが占め、半分以下のスペースに倍以上の席数が詰め込まれている[*5]（前ページ図）。

「子どもの教育は、郵便番号で買え」

あなたにはこの言葉の意味が理解できるだろうか。

アメリカでは、固定資産税が教育予算のベースとなっている地方自治体が多く、地域間の経済格差が義務教育の質の差として歴然と表れる。つまり、地価の高い裕福な地域では、教育予算が潤沢なため、公立学校でも私立顔負けの学校設備やスタッフを揃《そろ》えられる。そして、教育環境が充実すればさらにその地域の人気が上がり、地価が高騰し、教育予算が増えるというスパイラル現象が起きる。逆に、地価の低い貧困地区では、ベテランの教員を雇う予算がなく、子どもの教育に十分と言える環境さえ整っていない学校も多い。だから、子どもをより良い小学校に通わせようとする親は、頑張って裕福な地域に引っ越すか、ダメ元で裕福な学区の数少ない空席を抽選で狙うしかない。

すごい世界だ、と思う読者もいるかもしれないが、銀座のとある公立小学校による、一式揃えれば8万円超えという「アルマーニ標準服」導入のニュース[*6]を思い出せば、同じような状況がすでに日本にもあることがわかる。2018年、当時の校長は「銀座らしい小学校」を目指すとしてブランド標準服を採用することを決定。最終的には有名ブランドであるアルマーニに監修を依頼した。着用は義務ではなかったが、事実上は制服に近いと言われた。

あのニュースに垣間見《かいまみ》られるのは、大都市における公立小学校の階層化と公教育の市場化の現状だ。それは、公立小学校ですら、生き残るために自校をブランディングし、他校との差別化を図ることによって「選ばれる」学校になる必要があるということ、そして、親も数あるブランドの中から自分の子どもにふさわしい学校を選び、「買う」のが当たり前になりつつあるということだ。

そして、学校説明会で「アルマーニ標準服」の話を聞いた保護者の中には、「絶対うちの子にもアルマーニを着せたい!」と入学の意志を固める人もいれば、「うちの子だけアルマーニじゃなかったら、きっとしんどい想《おも》いをするだろうな」と断念する人もいるだろう。実際に首都圏では、一部の人気公立小学校区に富裕層が多く集まっている。子どもをブランド校に入学させるために、住宅を購入する人が増えているのがその理由だという。[*7]そうなると自然と高級志向の店がブランド小学校の周りに増え、低所得者層は地域から排除されていく。

このように、ひと昔前は当たり前だった、日本中どこの公立小学校に通っても同等の教育を受けられるという「公教育」のイメージは過去のものとなりつつある。社会全体で将来を担う「私たちの子どもたちを育てる」という、パブリックで民主的な意識は人々の間から薄れ、少しでも良い教育を「私の子ども」に買い与えて付加価値を高めるという利己的で競争的な意識が強まっている。「私の子ども」から「私たちの子どもたち」へ——そんな発想の転換なしには、公教育が良くなることなどあり得ない。公教育の枠組みの中で、各家庭が「消費者」となって学校を選ぼうとすればするほど、公教育の「公」の部分が失われていくのだ。

保護者会費7000ドルの公立小学校

留学先の高校を卒業後、そのままアメリカの大学、大学院修士課程で教育学を学んだ私は、日本の通信教育で英語の教員免許を取得し、2002年に28歳で千葉市の公立中学校の教員になった。結婚を経て教員7年目の2008年、フルブライト奨学金を得た私は、大学院博士課程への再留学を機に、一家でニューヨークに渡った。長女は当時、生後8ヶ月。次女はその2年後に現地で生まれた。ニューヨーク生活2年目からは、黒人文化の中心であり、家賃の安かったハーレムに移り、地元の公立小でお世話になった。

ビジネスだけでなく、子どもの教育においても超競争的なニューヨークで息を吸っているうちに、わかってきたことが一つある。それは、「平等な競争」というのは社会における構造的な不平等を無視した幻想に過ぎず、「選べる人間」と「選べない人間」がいるということだ。ニューヨークでは各学校が生存をかけて生徒を奪い合う「市場型」学校選択制になっている。保護者は20校選択し、優先順位をつけて希望を教育委員会に提出する。それを踏まえて学校が割り当てられていく仕組みだ。

親が少しでも良い学校に子どもを通わせたいと思うのと同様に、生き残りをかけて生徒を奪い合う学校も、少しでも学校のイメージアップになる生徒を欲しがる。すると当然、排除の構造も生まれ、手のかかりそうな、いわゆる「教育的ニーズの高い子ども」が排除の対象となる。多くの場合、それは家庭環境に恵まれない、貧しい家庭の子どもを意味しており、アメリカではそれが人種の差として歴然と表れる。

次女の小学１年生時のクラス写真。真ん中にいるのが次女（著者撮影）

私たちはあえて「学校を選ばない」ことに決めた。選べる立場にある人間が選び続けていたら、公教育など良くなるわけがないと考えたからだ。結果的に我が家の娘が通うことになったのは、低所得者用の公共住宅に囲まれた、「誰にも選ばれなかった」小学校だった。生徒も、８割以上が生活最低水準レベル以下の貧困家庭の子たちで、５人に１人がホームレスという凄《すさ》まじい状況だった。その中で、最も肌の色が白いのが、私の娘だった。[*8]

「アルマーニ標準服」のニュースを見て、私が真っ先に思い出したのは、ニューヨーク時代、となりの裕福な学区の公立小学校に子どもを通わせていた友人が、毎年７０００ドルもの保護者会費を払っていたという話だ。本稿を執筆中の２０２４年4月16日現在では、円安で１ドル１５４円を超えているが、７０００ドルといえば、１ドル１５０円の単純計算でも、１００万円を超える。

驚いて話を聞くと、保護者会会長は「強制ではない」と学校説明会の時に付け加えつつも、各家庭からは毎年平均7000ドルいただいていると説明したのだそうだ。それを聞いて、「私立より安い」と入学を決める親もいれば、あきらめる親も当然いるだろう。大事なのは、そこには学校側にとって「欲しい客層」の包摂と同時に排除のロジックも働いているということだ。

2016年、私は『崩壊するアメリカの公教育』にて、新自由主義教育「改革」によるアメリカ公教育の崩壊の実態と、日本にも忍び寄るその足音に警鐘を鳴らした。凄まじい市場化と民営化の結果、「公」と「私」の境界が揺らぎ、貧困地域では教育よりも利益を重視する公設民営学校（チャータースクール）が乱立したことで、義務教育における教育格差が拡大。本来は公教育が是正すべき経済格差を、公教育そのものが再生産するという社会的な矛盾が生まれた。そうして「公」と「教育」という民主主義社会の根幹を成す概念そのものの崩壊が始まったのだ。

アメリカの新自由主義教育「改革」は、日本の30年先を行っている。その失敗から学ぶことで、私たちは日本でも加速度的に進行している公教育の崩壊を、少し離れた高台から、客観的に、そして俯瞰《ふかん》的に見ることができる。そんな想いで、私は出版と同時にアメリカから帰国し、講演や執筆を通して日本にも迫り来る危機を警告し続けてきた。しかし、残念ながらその後も日本はアメリカの失敗の後追いをし続け、日本の公教育ももはや瀕死《ひんし》の状態にある。

増え続ける子どもの自殺、不登校、教員の精神疾患、義務教育の中ですら顕著になってきた学校の序列化と教育格差の拡大、危機的な状況にある教員不足、マニュアル化する授業、「使い捨て労働者」化する教員……。今日の教育現場が抱える息苦しさの原因はどこにあるのか。『崩壊するアメリカの公教育』の出版から8年。月刊『クレスコ』における連載「先生が先生になれない世の中で」（2018年開始）をベースに、アメリカから帰国した私が日本で発信してきた内容を本書にまとめておこうと思う。

本書の構成

第1章「『お客様を教育しなければならない』というジレンマ」では、新自由主義下の学校が抱える難解なジレンマをテーマとする。「お客様」と化した生徒や保護者の要望に応えつつも、教育機関として生徒児童を指導しなければならない学校……。対応策として出てきた授業や生徒指導のマニュアル化というトレンドにも触れつつ、この難解なジレンマがもたらしてきた学校の「塾化」や教育の数値化、標準化、そして商品化などの歪《ゆが》みを描く。なぜアメリカや日本の教員は、教育の数値化や、警察の介入、そしてビジネス界による公教育の侵略を許したのだろうか？

第2章「人が人でなくなっていく教育現場」では、旭川《あさひかわ》中2少女いじめ凍死事件や、萎縮《いしゅく》した教員を前に生徒たちのやりたい放題となった教室の描写を通して、新自由主義政府が推進する「学校における働き方改革」の矛盾と「教師」という仕事の本質を考察する。今日の教育現場で真に求められているのは、どんな「改革」なのだろうか？

第3章「新自由主義時代の『富国強兵』教育と公教育の市場化」では、日本学術会議会員の任命拒否問題を皮切りに、「戦後レジームからの脱却」という名の下に進められた教育への不当な政治介入にフォーカスを当てる。「国家のために個人がある」と思っている人間がこの新自由主義の時代に権力を握った時、教育はどのように姿を変えるのだろうか。政治介入によって進められた公教育の市場化は、学校のあり方、教員の評価、子どもたちが受ける授業にどのような影響を与えるのだろうか。

教育の真価は、危機の時にこそ発揮されるものではないだろうか。コロナ禍は日本社会の脆《もろ》さを露呈させた。しかし、危機に弱いのは教育も同じだった。全国一斉休校で学校から解放された日本の子どもたち。突然与えられた自由の中で、子どもたちの日頃の学びはどのような威力を発揮したのだろうか。

第4章「『自由』の中で不自由な子どもたち」では、コロナ禍が映し出した教育の闇と光、「マニュアル化」する社会の閉塞感にスポットライトを当て、「学校」という場所について考える。ポストコロナで求められているのはどんな学校、そして学びなのだろうか？

第5章「教師というしごとが私を去っていった」では、「構想と実行の分離」というマルクス主義の概念を手がかりに、日本における教育現場の息苦しさの正体を考察する。2016年にアメリカから帰国して以降、私は政府が進める「学校における働き方改革」に危機感を抱き続けてきた。教員の長時間労働の解消や業務の削減だけでは、今日の教育現場における息苦しさは克服できない。その原因はどこにあるのか？　なぜ情熱のある教員ほど現場を去っていくのか？　なぜ教員は「使い捨て労働者」となりつつあるのか？

終章「『遊び』のないところから新しい世界は生まれない」では、教育学はもちろんのこと、経済学、環境思想学、生物学、文学、芸術、哲学、文化人類学など、多岐にわたる分野の知見をもとに、「先生が先生になれる世の中」を展望する。私たちはどこに希望を見つけたらよいのだろうか。

本書の主軸となった『クレスコ』の連載のタイトルでもある「先生が先生になれない世の中」をひと言で説明することはとうていできないが、そのモザイク画を描くつもりで私は本書を記した。日本の教育現場を取り巻く息苦しさの正体とは何なのか？　本書を通してまずはその正体を突き止め、少しでも息を吸うことのできる空間を作ることができたらと願う。

註

＊1　「2023年『主要花火大会』有料席導入・価格調査」帝国データバンク、2023年8月4

日。https://www.tdb.co.jp/report/watching/press/p230803.html

ちなみに、販売された中で最も高額の有料席は、神奈川県「小田原酒匂川花火大会」の「Ｓタイプ／ベッド席」の30万円（大人２名）だった。

＊２「〝目隠しフェンス〟設置に地元住民が反発『びわ湖大花火大会』」日テレＮＥＷＳ、２０２３年８月７日。https://news.yahoo.co.jp/articles/eaf9c8a3bbe13d6e802fbd24692468d0b75b9f8

＊３「びわ湖大花火に地元が反対決議　高く長い有料席は『公平性に欠ける』」朝日新聞デジタル、２０２３年８月５日。https://www.asahi.com/articles/ASR847T4ZR82PTJB002.html

＊４「びわ湖花火に〝目隠し〟…知事『チケット買って』に自治会『人の気持ち変えてしまう』」ANNnewsCH、２０２３年８月９日。https://www.youtube.com/watch?v=km8l-kyp0SA

ちなみに、全国各地で開催される祭りも同様に商業化の道を突き進んでいる。１座席20万円のプレミアム桟敷席が話題になった徳島県の阿波踊り。青森県のねぶた祭りに至っては１００万円のＶＩＰシートが話題となった。もちろん、「膨張する経費をどう賄うか?」という議論の枠組みで考えるならば、有料観覧席は理にかなった答えなのだろう。しかし、もし地元民の憩いのための催しものなら、そんなにたくさんの花火を打ち上げる必要があるだろうか。警備が必要なくらい大規模な会場を用意する必要があるだろうか。外に向けて宣伝する必要があるだろうか。今、問うべきは議論の枠組みそのものなのだろう。そもそも花火大会は誰のものなのか。

＊５「ボーイング７７７-３００ＥＲ（７７３）／機内座席配置」ＪＡＬホームページ。https://www.jal.co.jp/jp/ja/aircraft/conf/777.html

＊6　2018年、東京・銀座にある中央区立泰明小学校が、新学年度からイタリアの高級ブランド「アルマーニ」の標準服導入を決めたことが社会的議論を呼んだ。

＊7　「首都圏の『高学歴な親が選ぶ』小学校区ランキング」住まいサーフィン。https://www.sumai-surfin.com/lab/gakku-child/gakureki/

＊8　鈴木大裕『崩壊するアメリカの公教育　日本への警告』（岩波書店、2016年）第3章「市場型学校選択制と失われゆく『公』教育」を参照。

第1章　「お客様を教育しなければならない」というジレンマ

——新自由主義と教育

1 「お客様を教育しなければならない」というジレンマ

「教員はサービス業だから」

20年以上前、当時教育実習生だった私に、ある教員が誇らしくそう語った。チャイムの2分前には教室の外で待機し、チャイムと同時に入室。カバーすべき単元を無駄なく授業し、チャイムと同時に授業を終え、生徒と会話をする間もなく教室を後にする。

授業というサービスの提供に徹するその姿はまるで塾講師のようで、きちんとしているように見えた。でも、せっかく早く着いているのに、なぜ教室に入って生徒と触れ合わないのだろう？　違和感だけが私の中に残った。

「子どもたちにプロのサービスを」というのがその人の自慢だったが、彼の割り切った仕事観に、「プロ」の教師とはいったい何なのかと逆に考えさせられた。

それとは対照的に、後に私の師匠となる人だが、私が千葉市の中学校で教員をしていた時に出会った小関康先生の仕事へのアプローチは、サービス業とは正反対にあった。

例えば、小関先生は朝の会も帰りの会も、時間通りには行かない。特に、受け持っている生徒が中学3年生にもなると、チャイムが鳴っても意図して教室には向かわない。職員室でパソコンに向かってみたり、ふらっと他のクラスを覗《のぞ》いて回ったりする。

それでも、自分たちで考え、行動することを徹底的に指導されてきた小関学級の生徒たちは、声をかけ合い、自分たちで会を進める。

帰りの会も、小関先生が職員室で事務「作業」をしていると、生徒が自分たちで調べて必要な連絡事項の伝達を全て行った時点で学級委員が呼びに来る。「全部終わりました。先生の話、お願いします」。その後は、小関先生がその日見たこと、感じたことを、こんこんと語る。

掃除なども、一見、小関先生は生徒と楽しそうにおしゃべりしているだけにしか見えない。それでも掃除はきちんと終わり、小関学級にはゴミ一つない。落ちていても、誰かがすぐに拾うのだ。

それを見てしまうと、さぼっている生徒には脇目もくれず、自ら必死に掃除している教員は何なのだろうと考えさせられる。小関先生は断言する。

「子どもの様子を観察することは大事。ただ、教員が子どものご機嫌をとるような環境で、子どもが育つわけがない」

しかし今、「教員はサービス業」という認識が、教員の間でも普通になりつつある。それを支えている新自由主義的な世界観は、フランスの哲学者、ミシェル・フーコーの解釈を借りれば、社会のあらゆる活動や関係を経済的な価値観でのみ分析しようとする偏った世界観だ。[*1] それは、教育までをも「付加価値的な投資」と見なし、生徒・保護者を学費や納税で教育という「商品」を購入する「お客様」、教員を教育という「サービス」を提供するサービス労働者、教育委員会はクレームを受けつけるカスタマーサービスへと置き換えてしまう。「教育委員会に訴えてやる!」そんな言葉を聞いたことのある人も少なくないだろう。教員が子どもの機嫌をとろうとするのも、生徒に対する強い指導が難しくなってきているのも当然だ。

そうして今日の教員は、自分のアイデンティティをも揺るがす厄介なジレンマを抱えることになる。それは「お客様を教育しなければならない」というものだ。この難解なジレンマを抱えた学校と教員は、失われた自らの尊厳をいかに取り戻せばよいのだろうか。

2　とある小学校の話

貧しい地域に位置する、とある小学校。この地域は昔から学力が低く、親たちの中にも大学を卒業した人は少ない。そんな地域の期待を背負って新しくできたこの小学校は、従来の小学校とはだいぶ雰囲気が違う。小学校といえども1秒たりとも無駄にしない、はりつめた雰囲気の中で授業が進められる。普通の学校と比べて授業時間が長く、授業日数が多いことも、共働きが多いこの地域で歓迎されている理由の一つだ。

この学校では結果が全てだ。常に生徒をテストして、数値化されたデータを管理職が管理、分析し、教員の評価と指導に反映している。カリキュラムはシンプルで、学力標準テストの対策を中心に組まれている。成果主義を徹底するこの学校では、成績次第で新米教員でも他の教員を指導できるようになる。

教員は、大学を出たてのエネルギッシュな若者が圧倒的に多い。長時間勤務に耐えられる体力だけでなく、夜中でも生徒からの相談に応えられる献身性が求められる。情熱的な教員が多い半面、過酷な労働環境による教員のバーンアウト（燃え尽き症候群）と離職率の高さが問題になっている。

この小学校のもう一つの特徴は、非常に静かで落ち着いた学習環境をつくっていることだ。その要因は二つある。一つは厳格な学習スタンダードを設けていることだ。話を聞いている時の手の位置、立ち方、うなずき方の他に、手を挙げる角度まで決められている。型にはまらない子、落ち着きのない子はしだいに振り落とされていき、卒業時には学校が定めた規格に準じた子だけが残る。少しでも規律を守らない生徒には厳しい懲罰をくだす「ゼロトレランス」（後述）を用いた生徒指導方式で教員の権限を強め、若くて経験の浅い教員でもしっかりと子どもたちをコントロールできる仕組みになっているのだ。[*2]

「この『とある小学校』、どこだと思いますか？」講演の時、私は聴衆にそう質問する。「大阪！」「東京！」「秋田！」さまざまな手が挙がる。首を横に振り続けた私が、「皆さん違います。実はこれ、ニューヨークの学校ですよ」と言うと、人々は決まって驚く。しかし、これを日本の学校だと思うくらい、結果責任、学習スタンダード、ゼロトレランスなどによる締めつけが日本の教育現場でも珍しくなくなっている、ということだろう。

「とある小学校」とは、２０１６年の８月まで私が住んでいたニューヨーク市のハーレムにある Knowledge Is Power Program（通称ＫＩＰＰ《キップ》）という大手の公設民営学校（チャータースクール）の一つだ。市場化されたアメリカの公教育では近年、ファーストフード店のように次々と学校を開く「マックチャーター」と呼ばれる公設民営学校チェーンが、「学力困難校」に認定された従来の公立学校に置き換わる形で数を増やしてきた。[*3] 中でも、KIPPやAchievement First、Success Academy、Uncommon Schoolsなどのチェーンは、市場化する公教育で勝ち抜くために効率化の徹底を図り進化してきた学校だ。生徒の大半はアフリカ系かラテン系アメリカ人で、テスト至上主義、効率化の徹底追求、学習スタンダード、ゼロトレランスを組み合わせたスパルタ教育で、教育熱心な貧困層の親の間で人気を博してきた。

公教育の市場化がアメリカほど成熟していない日本においては、学習スタンダードとゼロトレランスの関係性は見えにくい。しかし、このようなアメリカの公設民営学校などの日常風景を見れば、学習スタンダードやゼロトレランスと公教育の市場化の関係性がよくわかる。

学力標準テストが教育を支配する文化は、子どもたちさえをも標準化しようとする。各学校が少しでも安く、より高い「学習効果」を目指して競争する中、排除されるのは問題行動を起こす子どもだけではない。点数の稼げない子、障がいを抱える子どもたちさえも、学校が定める規格に合わなければ、まるで工場における「品質管理」のように容赦なく排除されていくのだ。

3　「サービス業に徹する」という対処方法

今日の教員は、生徒や保護者に口では「先生」と呼ばれつつもサービス業のようにも扱われ、「お客様」の言う通りにすれば今度は「もっと先生らしく」と求められる。社会が新自由主義化し、「教師」というアイデンティティそのものが激しく揺さぶられる中で「学校における働き方改革」の議論がなされてきたことを、私たちは十分に理解しておく必要がある。

「お客様を教育しなければならない」というジレンマへの最もラクな対処法は、学校がサービス業に徹することだ。つまり、「プロ」のサービスを生徒たちに提供するのだ。学校行事など、授業以外の学校業務の効率化を図り、テスト対策に特化することで学力の向上や進学率を数字で弾《はじ》き出せばよい。また、誰が教えても一定のレベルのサービスが提供できるよう、「学習スタンダード」なるものを作って授業のマニュアル化も同時に進める。

しかし、生徒のテストの点数を上げるだけなら、「塾とは違う学校の役割は？」という新たな問いが浮上する。

また、学校業務の効率化は図れたとしても、なかなか授業だけに専念できないのが学校の難しさだ。特に時間がかかるのが、子どもの人としての成長を見据えた生徒指導だ。だから、「ゼロトレランス」の名の下に生徒指導をマニュアル化し、機械的に「問題児」を排除するという流れが生まれる。「業務の邪魔をするお客様にはご退場いただきますよ」ということだ。ただそれは、「人格の完成」を目指して子どもたちとかかわる教師にとって生命線とも言える生徒指導を、警察や少年院にアウトソーシングすることに他ならない。

この「学習スタンダード」や「ゼロトレランス」という言葉は、日本では教育関係者でなければ馴染《なじ》みがないかもしれない。次に少し詳しく見ていこう。

4 「ゼロトレランス」

「ゼロトレランス」を簡単に説明すれば、大きな秩序の乱れを引き起こさないよう、どんなに些細《ささい》な学校規律からの逸脱行動をも初期段階で許さない厳格な生徒指導方針ということなる。[*4] 1994年、クリントン大統領が学校への銃器持ち込みの取り締まりにゼロトレランスを適用したのがきっかけだったが、またたくまに取り締まりの対象範囲や年齢が拡大された。米教育省の見積もりで年間300万人もの生徒（幼稚園児から高校生まで）が教員への暴言、ケンカ、遅刻、制服の乱れなどの些細な逸脱行為で停学処分を受けるまでになり、手に負えない生徒は積極的に警察に引き渡されるようになった。[*5]

2002年、ジョージ・W・ブッシュ政権下で施行された「落ちこぼれ防止法（No Child Left Behind Act）」が構築した学力標準テストによる教育の徹底管理体制は、ゼロトレランスによる生徒の停・退学率を劇的に増加させた。「アドバンスメント・プロジェクト」らによる共同報告書は、その現象をこう説明している。

「生徒の点数を上げろという指令の下、学区、学校、管理職や教員らは結果を出すための重圧を受けている。このプレッシャーは、実際には、点数の低い生徒の転出や排除を奨励・促進するという歪んだ動機を学校に与えている」[*6]

一方で、そのような状況に違和感を覚える教員も少なくない。南部貧困法律センターは、「絶望感を訴える教員や管理職もいる。以前は生徒の家庭に電話していた生徒指導の事柄も、今では警察を呼ぶことが義務づけられ、彼らは生徒同士が衝突を解決できるよう支援する代わりに、警察が生徒を逮捕するのを見ている他ない」[*7]と指摘する。

似たような状況は、日本でも確認されている。文部科学省は２００６年1月の時点ですでに、「経験豊富な教員の大量退職を迎え世代交代が進む中で、問題行動に毅然《きぜん》として対応し、生活指導等を通じて学校規律を回復させ、子どもの規範意識の育成に資するという生徒指導の側面について、その今後の在り方等を様々な観点から検討していくことは大変意義深いもの」[*8]との見解を示しており、同年6月には「児童生徒の規範意識の醸成に向けた生徒指導の充実について」という通知の中で、各都道府県教育委員会などに対してアメリカで広く実践されているゼロトレランスを参考にした生活指導を推進している。

ＫＩＰＰでは、2017年入学の小学校１年生の教室の外に「2032年度卒業生」（2032年は彼らが大学を卒業する年にあたる）という掲示が。その年には全員が大学を卒業すると早い段階から意識づけるためだ（著者撮影）

それを受け、日本におけるゼロトレランスの「実験地」となった広島県福山市では、教育委員会が市内の各公立学校長に、学校ごとの生徒指導基準となる生徒指導規定などをあらかじめ整備させ、生徒の問題行動に「毅然とした対応」を求めた。福山市におけるゼロトレランスの実態を調査した『「ゼロトレランス」で学校はどうなる』*9は、「別室指導」の名の下で行われる生徒児童の教室からの排除や、「警察等関係機関との連携」として行われる警察への通報と生徒児童の逮捕が拡大していったことを明確に示している。

世取山《よとりやま》洋介は、その「はじめに」で、同書の元になった2016年11月に広島で開かれた全国交流集会「ゼロ・トレランスの今から、学校・教育を問う」の参加者の声を紹介している。

「『東広島スタンダード』(次ページ写真)は、児童館、図書館、地域センター、至る所に張ってあって、息苦しいです。こんな風に行動規律を押しつけると、子どもは本音を話せなくなります。子どもを締め付け、追いつめる。その抑圧に気付かない人が大半です。

福山の保護者の方のお話に驚きました。生徒指導の細かさ、理不尽さ、警察がサイレンを鳴らして学校に駆けつけ、衆目の中、生徒を逮捕していく……子どもたちはどれほど傷つき、絶望してしまうことだろう。今は、学校は子どもを守り育てる場ではなく、排除し、規制して子どもを締め上げていく場になってしまっている。まさに戦争前夜だと思います。子どもへの細かい規律押しつけ、指導は良き兵士育成そのままですね[*10]」

東広島スタンダード

大事な点がいくつかある。一つは、ゼロトレランスは、本来なら時間をかけてベテランから新人へと継承されるべき匠《たくみ》の技の継承が困難になった時に導入された対症療法的な措置だったということ[*11]。子ども理解に通じた経験豊かな教員が一斉にいなくなり、経験の浅い教員でも「毅然とした態度」で生徒と接することができるようにと導入されたのがゼロトレランスだった。だからこそ、ゼロトレランスの例外なきマニュアル的指導が若い教員には歓迎される一方で、それぞれの生徒のさまざまな事情を踏まえ、個別柔軟に時間をかけて対応しようとする教員が阻害され、教師の間で分断が生じるという弊害が生じた。

2010年頃から福山市の小中学校で広まっていったゼロトレランスについて調査した小林克己《かつみ》は、その象徴である「生徒指導規定」についてこう書いている。

子どもに寄り添い、そのつまずきを受け止め、理解と援助を進めようとする教師の前に、「規定」は大きく立ちはだかっています。どこの職場においても、「規定」を〝踏絵〟のようにして、もの言わぬ・言わせぬ教師づくりが進行し、「例外なき指導」「毅然とした指導」「ゼロトレランス」のことばの前に異論をはさみこむことができないような息苦しさが広がってきました。[*12]

もう一つの大事な点は、ゼロトレランスの狙いは、生徒の人間としての成長ではなく、「学力向上」という学校業務の邪魔をする生徒の排除だということだ。アメリカにおけるゼロトレランスは、学力標準テストと結果責任による全国的な管理体制を築き上げた「落ちこぼれ防止法」を契機に拡大した。先述の世取山は、日本におけるゼロトレランス拡大の契機も、2007年に復活した全国学力・学習状況調査（全国学力テスト）だったと指摘し、1980年代の荒れた生徒たちへの対応として全国に拡大した「管理主義」とは別物だと位置づけている。ゼロトレランスには、「権威への服従の教え込みなどという子どもの人格形成への働きかけはもはや存在せず、あるのは、競争的秩序の効率的な防衛のための罰を通じた子どもの行動管理だけ[*13]」と指摘する。

ちなみに、その後アメリカでは、異常なまでに上昇した国内の停・退学率への各方面からの反発で、ゼロトレランスによる生徒の排除から、問題を抱える生徒への支援へと確実に潮の流れが変わってきた。アメリカ心理学会は2008年のゼロトレランスの報告書で、停・退学は生徒の素行に逆効果であることを指摘。オバマ政権も2009年に司法省と教育省の主導で、学校に生徒の停・退学処分には慎重になるよう促した。

世取山は、ゼロトレランスは、全国学力テストを軸として「学校を競争的秩序の中に組み入れ、学校を競争的に組み替えていく文科省による上からの動きとセットになって、この競争的秩序を最大防衛するための方策としてアメリカから輸入され、上から地方に拡大されようとしている[*14]」と警告した。神奈川県によれば、2006年8月28日には、神奈川

2019年(令和元年)5月7日

逗子市立小・中学校 保護者の皆様

逗子市教育委員会

子どもたちの健全育成のための「学校警察連携制度」について(お知らせ)

日頃から本市の学校教育に対して、ご理解とご協力をいただきありがとうございます。
さて、逗子市教育委員会では、各小・中学校において、子どもたちの健全育成に向けて、家庭や地域、関係機関と連携し、より良い環境づくりに取り組んでおります。しかし、子どもたちを取り巻く社会は、児童虐待・薬物乱用・暴力・いじめ・不良行為など複雑化・深刻化している状況が見られ、学校・家庭・地域の連携と協力だけでは解決が困難なケースもあります。
そこで、教育委員会では、子どもたちの「健全育成」「非行防止」「犯罪被害防止」を目的として、神奈川県警察本部との相互連携を行うため、平成27年11月より「学校警察連携制度」を運用しております。
これに基づき、学校・家庭・警察が一体となった、充実した支援体制を構築し、子どもの健全育成を推進してまいります。

学校警察連携制度による支援について

＊学校や家庭が繰り返し指導を行っても改善が見られず、解決の糸口が見つからない事案で、警察のもつ専門性が支援・指導に有効であるとした場合、教育委員会と校長の協議のうえ、本連携制度を使うこととなります。

＊学校と警察が連携した場合も、あくまで指導・支援の主体は学校となります。

◇連携が必要とされる場合とは
・警察の専門的な知識が支援に効果がある場合(少年相談・保護センターでの相談・支援など)
・児童生徒の心身に重大な影響を及ぼす場合
・警察による保護や安全確保が必要と判断される場合

◇情報提供する事案例として
・犯罪行為に関すること　・いじめ、児童虐待に関すること
・非行集団に関すること　・薬物等に関すること
・児童生徒が犯罪被害に遭うおそれのあること

相互連携の内容と方法

＊学校・警察での支援が必要な場合は、児童生徒の氏名や生年月日、事案の概要など必要最低限の情報(個人情報も含む)について、『児童・生徒の健全育成を推進する連絡票』を使用して情報の共有を行います。(原則として、当該児童生徒・保護者には通知します。)

＊『児童生徒の健全育成を推進する連絡票』は作成日の一年後の年度末まで保存します。

◇連絡票の内容
○児童生徒の氏名・住所　○事案の概要　○事案に対する支援状況　等

今後も子どもたちの健全育成のために一層の努力をするとともに、家庭・地域等とのさらなる連携を深めてまいります。
引き続き、保護者の皆様方のご理解とご協力をお願いします。

問い合わせ先
逗子市教育委員会
学校教育課　担当：藤瀬
電話　873−1111(代表)

逗子市の「学校警察連携制度」についてのお知らせ

県教育委員会と県警察本部との間で「学校と警察との情報連携に係る協定書」が締結され、現在では全都道府県において学校警察連携制度が整備されている。*15

しかしながら本来、生徒指導こそ教師の専門性が生かされる領域ではないだろうか。日々ともに過ごす生徒のニーズを最もよく知る現場の教師ならではの、それぞれの状況に応じた判断があるはずだ。ゼロトレランスによる生徒指導のマニュアル化や警察へのアウトソーシングは、教師が自らの専門性を手放すことになるのではないだろうか。

学校の塾化も、ゼロトレランスによる「問題児」の排除も、もはや教育とは言えず、ジ

レンマの解決にもなっていない。教員の働き方改革以上に、今日失われつつある「教師」という仕事そのものを守ることを本気で考えるなら、このジレンマと正面から向き合うことなしに、その成功はあり得ないのではないだろうか。

（『民主教育研究所年報』２０１７年号からの抜粋）

5　学習指導要領の改訂と3本の楔《くさび》

日本では、約10年に一度、文部科学省が定めている全国共通の教育課程（カリキュラム）の基準である学習指導要領が改訂される。直近では２０１７・18年に改訂され、２０２０年に小学校、21年に中学校、22年に高校と順次実施された。日本の公教育における結果責任の支配は、このたびの学習指導要領の改訂で確立されたのではないだろうか……。そう考えさせる一冊の本がある。

２００９年にアメリカで出版されたTeaching by Numbers: Deconstructing the Discourse of Standards and Accountability in Education[*16]だ（次ページ写真）。この本は、教育政策というマクロなレベルだけでなく、教員の心理への影響というミクロなレベルに

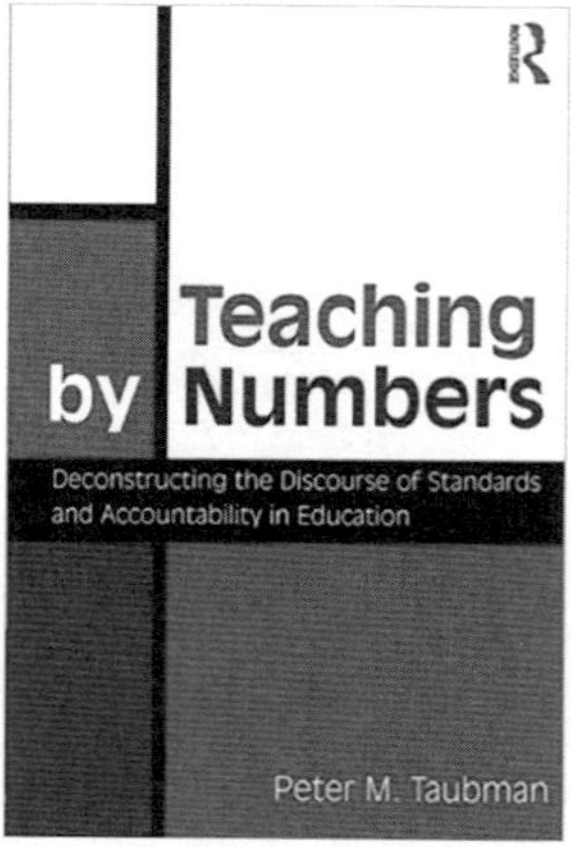

ピーター・タウブマンの Teaching by Numbers

も注目することでアメリカの新自由主義教育改革の全体像を分析し、数々の賞を受賞したものの、日本ではこれまでほとんど知られてこなかった。著者であるアメリカの教育学者（カリキュラム論）ピーター・タウブマンは、元舞台俳優という異色の経歴の持ち主だ。舞台俳優として活躍後、シェイクスピアなどの古典文学への情熱から英語教師になり、20年弱ニューヨークの公立高校で英語教諭を務めた。本書にもベテラン教師ならではの視点、そして教えることとの複雑さに対する繊細な理解が色濃く出ている。

　Teaching by Numbersというタイトルは、1950年代初めにアメリカで大流行した、Paint by Numbersというお絵かきセットの名前をもじったものである。その名の通り、Paint by Numbersは、ほとんど絵画の経験がない人でも、番号化された指示通りに筆を動かすだけで立派な絵（もちろん抽象画は含まれない）が描け、誰でも芸術家になれるという宣伝文句で広く普及した。その作品展覧会がホワイトハウスで行われたということからも、当時のアメリカの熱狂ぶりがうかがえる。
Paint by Numbers についてタウブマンは、「絵を描くことを数字の支配に簡易化するということは、初心者の実存的な不安を和らげる」との利点を挙げつつ、その手軽さに隠された罠《わな》を指摘する。それは「芸術の複雑な技術をつまらないものにしてしまう」とともに、「機械的に指導書に従えば誰でも描けるというだけでなく、事前に決められた結果を満たすことが芸術を為《な》す」という誤解を広めてしまう効果がある、と。[*17]

そして、Teaching by Numbers という本のタイトルによってタウブマンは、標準化、マニュアル化する中で芸術を商品と化した Paint by Numbers と新自由主義教育改革下で同様の道を進む教育の姿とを重ね合わせ、私たちに問いかける。教えるという行為も、標準化、マニュアル化が進む中で、初心者でもできるよう簡素化されてはいないか。事前に決められた結果を満たすだけの機械化された行為になってはいないか。分断されたテクニックとして、パッケージ化されて売られていないか。

タウブマンは、レーガン政権以降アメリカで行われてきた新自由主義教育改革には、それを支える「3本の楔」があったと言う。1本目の楔は、データとなる「学力」を学力標準テストの点数へ、2本目は教師の「指導力」をテストの点数向上のためのテクニックや動作へ、3本目は「何を教えるか」を定めていたカリキュラム・スタンダードを「何ができるようになるか」というパフォーマンス・スタンダードへと、それぞれ再定義した。その3本の楔が打ち込まれてしまったら、新自由主義の政府による国中隅々にまで行き届く巨大教育監査システムの監視のまなざしから逃れることはできないとタウブマンは指摘する。

実際にアメリカでは、各学校や教員が学力標準テストの点数でランクづけされ、「結果責任」を果たせない学校は廃校、教員は職を追われるようになった。人を育てる場所であったはずの学校は、過剰な点数競争でテスト対策主体の進学塾のようになり、市場化と民営化が進むことで公教育の概念そのものの崩壊が起こっている。

日本でも、最初の2本の楔はずっと前に打たれている。民主党政権下で抽出式にされた全国学力テストが、第二次安倍政権であえて全員参加の悉皆《しっかい》式に戻され、それと同時に規制緩和で学校別の成績開示が可能となったことで、学校は「塾化」し、テストの点数主体の偏狭な「学力」観がいつしか教育を支配するようになってしまった。

2016年に公表された中央教育審議会による「次期学習指導要領等に向けたこれまでの審議のまとめ」は、次のように述べている。

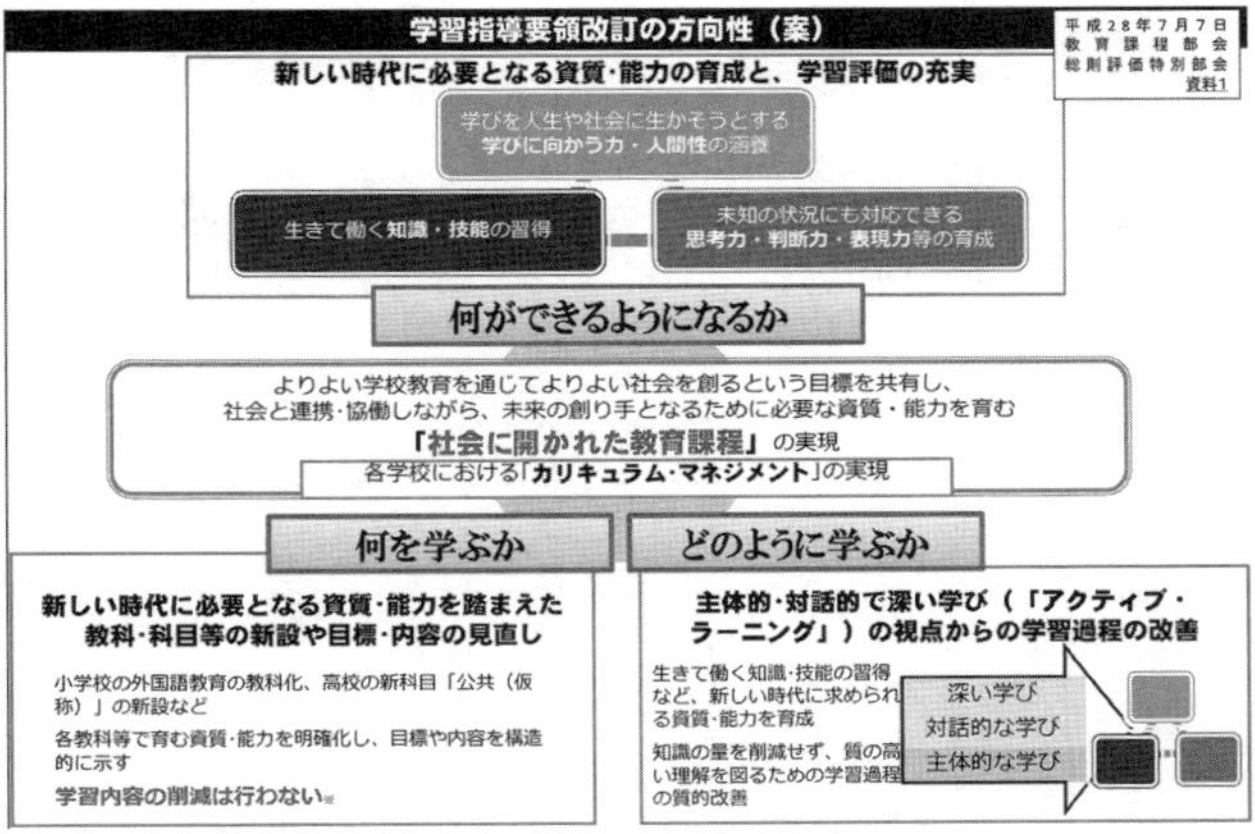

文部科学省「教育課程部会 総則評価特別部会 資料1」より

教育課程において、各教科等において何を教えるかという内容は重要ではあるが、前述のとおり、これまで以上に、その内容を学ぶことを通じて「何ができるようになるか」を意識した指導が求められている。*18

そして、「学習指導要領改訂の方向性（案）」と名づけられたイメージ図*19（上図）では、「何ができるようになるか」「何を学ぶか」「どのように学ぶか」という三つのポイントで構成される三角形の頂点に「何ができるようになるか」が置かれている。

一見、些細な違いに見えるかもしれないが、実はここに学習指導要領の大転換が隠れている。本来、日本の学習指導要領は、「何を教えるか」「何を学ぶか」の基準を定めるカリキュラム・スタンダードであったはずだ。それが、課題解決能力や応用力の必要性を口実に、カリキュラムを押しのけて「何ができるようになるか」という学習到達度の基準を強調するようになったのだ。

アクティブラーニング、道徳の教科化、外国語教育やプログラミング教育の拡充、高校における「公共」という科目の新設など、新学習指導要領には熟議を要する項目がいくつもあるが、今改訂の最大のポイントは、「何を教えるか」「何を学ぶか」の基準を定めるカリキュラム・スタンダードから、「何ができるようになるか」「何が身につくのか」という「結果」と学習到達度を強調する、いわゆる「パフォーマンス・スタンダード」への転換だったのではないだろうか。そして、これこそが日本における第3の楔に違いない。

こうして1本目の楔が生徒の「学力」を全国学力テストの点数として可視化し、2本目の楔が教師の「指導力」を生徒の点数の伸び幅で測定し、3本目の楔によるパフォーマンス・スタンダードの導入で教育現場に結果責任を求めることで、全国隅々まで掌握できる巨大教育監査システムの歯車が動き出したのだ。

6　学習科学の台頭

Teaching by Numbers の中でタウブマンは、教師や教育研究者を新自由主義教育改革の「犠牲者」と哀れむのは簡単だが、それでは問題の解決にはならないと指摘する。それよりはるかに苦しく、困難なのは、なぜアメリカの教育界がビジネス界による公教育への侵略を許したのかだ、と。そこにはどのような心理が働き、どのような理論がビジネス界との橋渡しをしたのだろうか。そしてその影響は日本にはどのように表れているのだろうか。

精神分析学を自らの研究に取り入れてきたタウブマンがまず注目するのは、犯罪率の増加や不景気など、あらゆる社会問題が教育のせいにされるというバッシングを受け、予算削減や公教育民営化の危機にさらされた教員の心理的脆さだ。そこには、教職を外部からの攻撃に耐え得る強い職業にしないといという焦りと、医者のように教職も「高度専門職化」できないかという憧れが芽生える。

その手段として提示されたのがスタンダードと結果責任という罠だった。しかしタウブマンは、「そのような心理的脆さだけでは、多くの教員が喜んで自らのティーチングとカリキュラムを市場による侵略の餌食にしてしまうような手法をとるには至らなかったであろう」と指摘し、次のように分析している。「監査文化の言説と実践を教員のために通訳し、地位、尊敬、そして科学的客観性を約束する心地よい言語があったに違いない。そして、それこそが学習科学の言語だったのだ[*20]」

コクラン・スミスとフライズ[*21]も指摘するように、アメリカの教員の地位を医者や弁護士のように高度専門職化しようとする運動は、学習科学の影響を色濃く受けてきた。しかし、学習科学は元をたどれば軍隊における応用心理学から生まれたという歴史的背景は、アメリカでもほとんど知られていない。

だが、タウブマンは、問題はその起源が軍隊にあるということではなく、ジョン・ブランスフォードら後の学習科学者らに決定的な影響を与えたロバート・ガニェ、ロバート・メイジャー、ロバート・グレイザーら、行動主義の心理学者の研究が、そもそも公立学校の教員または公教育のニーズではなく、より速く銃を解体し組み立て直す作業や、機械やテクノロジーの習得など、軍隊における特定の訓練のニーズに応えるために生まれたものであったことだと指摘する。それを公立学校の教室における教えと学びに適用することに無理があったのだ。

学習科学が仮定するコントロールされた教育環境、課題達成的な学習のあり方、学びの予測可能性などは、このように軍隊における訓練という特殊な背景からきており、それは民主主義社会における義務教育という多岐にわたる要素を抱える教育環境とは全く異なるものであった。

学習科学者らに多大な影響を与えたガニェは、1987年の論稿で次のように振り返っている。「私たちは、空軍の武器システム計画に参加して、兵員の選抜と訓練のための必要条件を予測するように依頼された。これらの目的を達成するために、我々はマンマシンシステム（man-machine system）の分析、予定された作業の説明、そして兵員の選抜と訓練の必要条件を割り出すための新しいメソッドを編み出さなければならなかった。（中略）教育心理学への貢献として、課題説明、課題分析、そして指導の明細化のテクニックは、（特に）指導目標とのつながりにおいて相当の価値があった[*22]」

ちなみに、ガニェの提唱した「指導の9ステップ」は、後にアメリカ全土の学校で使われるようになった。

1　注意を引く

2　授業の狙いを生徒に伝える
3　前に学んだことを思い出させる
4　時系列的系統性やまとまりをもたせて学習内容を提供する
5　学習内容への最適なアプローチを伝えるなど、学習ガイダンスを与える
6　実地活動を通してパフォーマンスを引き出す
7　小テスト、クイズ、コメントなどを通してフィードバックを与える
8　狙いが達成できたか知るためにテストでパフォーマンスを評価する
9　類似問題や追加練習で知識の保持と伝達を助ける

私の学校の学習スタンダードと似ている……。そんな気味悪さを感じる日本の教員は少なくないのではないだろうか。

ウォルター・ディック[*23]を引用しながらタウブマンは次のように言っている。「軍に一本、そして教育にもう一本の足を踏み入れていた心理学者たちが学習科学の発展と結果、目標到達度、そして情報処理の言語の教育への輸入に貢献したことは明らかだ。（中略）彼らの仕事はティーチングをトレーニングとマネジメントとして、学習を、明記された目標、結

果、課題の達成と文脈から切り離されたスキルを習得することとして、カリキュラムを因果的連鎖とメタ認知的能力として、そして知識を情報として、作り変えるきっかけとなったのだ[*24]」

7　学習科学と教育の貧弱化、そして市場化

タウブマンは、心理学と学習科学の教育界への貢献を全て否定しているわけではないとした上で、以下のことを指摘している。まず、「科学的客観性」の名の下に情報の蓄積、保持、回復、そして伝達を「パフォーマンス」として計測し保障する学習科学の言説と実践が、社会からバッシングを受けていた教育関係者らを魅了したこと。次に、彼らがそれらを受け入れたことで、本来人間の教育にともなう不確実性や予測不能性が排除されたこと。その結果として、ティーチングをテクニック化し、カリキュラムを台本化、ルーブリック（学習達成度の評価基準表）やチェックシートとともに「ベストプラクティス」としてパッケージ化して販売する教育産業の介入を許してしまったのだと批判する。

アメリカを代表する教育社会学者であるマイケル・アップルも、市場とパフォーマンス

の関係に注目している。そもそも、ビジネスの世界で使われてきた「パフォーマンス」というこの言葉が、教育の世界でも使われるようになったのはどうしてだろうか。アップルは、事業の効率と効果を証拠として残すための「メカニズム」の構築が市場化に不可欠であったことを指摘し、次のように述べている。「まさに起こったのは、この市場とパフォーマンスの証拠を生み出すためのメカニズムの連動そのものであった[*25]」。そして、標準学力テストをベースにした教育の評価システムが、教育の市場化に必要なそのメカニズムだったのだ。

　タウブマンは、元々、軍隊における訓練から生まれた学習科学の理論をそのまま義務教育に適用した結果、Ａ点から指導目標であるＢ点まで生徒を最も効率よく運ぶだけの「コンベイヤーベルト[*26]」のようなティーチングのあり方が生まれると分析している。

　一つ、思い出すことがある。『むかし学校は豊かだった[*27]』という本の中で倉石一郎が使った「住まう」という概念だ。彼は、鉄道における食堂車の意義について考察している。以前は長距離鉄道には必ずあった食堂車も、鉄道の効率化とともに姿を消していき、それが鉄道ファンにとっては何よりも寂しかったという。倉石は、Ａ点からＢ点までの人の移送という鉄道の機能だけを考えれば、確かに食堂車はいらないのだと言う。食堂車を置くくらいなら、そこに客席車両を追加した方が鉄道会社にとって利益が増えるに決まっている。

しかし、人間とは、A点からB点までたどり着くことが目的だとしても、そこまでのプロセス自体に意味を見出《みいだ》したいものなのだと指摘する。食堂車があることによって、人々は足を伸ばすことができた。外を見ながら食事をすることができた。偶然同じ電車に乗り合わせた人と会話を交わすことができた。食堂車とは、人々にとって憩いの空間であり、そこに「住まう」という感覚を可能にし得るものだった。そして、日本の学校からもその「住まう」という概念が消えつつあるのではないかと倉石は指摘する。

「何ができるようになるか」という学習到達度や「個別最適化」を前面に出した直近の学習指導要領の改訂と重ね合わせて考えるならば、もはや生徒たちが集って学ぶ教室さえもいらなくなってしまうのではないだろうか。指導力が点数化され、学習到達度基準というパフォーマンスの証拠を生み出すためのメカニズムが完成した時、私たちは巨大教育監査システムの監視のまなざしから逃れることはできなくなるだろう。

人間の教育は今以上に貧弱化し、教師は専門性を高められるどころか逆に失い、効率化の名の下に人数まで削減されるようになるだろう。教えるという行為は点数アップに有効

まるでコールセンターのようなロケットシップ・エデュケーションの授業風景

なテクニックとしてデジタル化され、ベストプラクティスとして販売・拡散され、そのテクニックさえ身につければ誰だって「立派に」教えられる代替可能な職業に成り下がるだろう。その反面、義務教育でも「カリスマ」がもてはやされ、経費削減の名目でその人物が遠隔で不特定多数の人間を教育できるという議論になりかねない。

もっと言えば、効率化を追求する中でAIの活用に拍車がかかり、アメリカで急成長を遂げた大手チャータースクール、ロケットシップ・エデュケーション[*28]（上写真）のように、大勢の生徒がそれぞれの能力に合わせた問題を提示するようにプログラミングされたコンピューターに向き合う部屋で、機械の不具合や集中力の切れた生徒の声かけに専念する非常勤講師が教員にとって代わる時代がすぐそこまできているのかもしれない。

註

＊1　Foucault, M.（2008）*The Birth of Biopolitics: Lectures at the Collège de France, 1978-1979*. New York: Palgrave Macmillan.

＊2　鈴木大裕「市場化する教育のゆくえ」『教育』２０１７年8月号。

＊3　詳しくは、鈴木大裕『崩壊するアメリカの公教育　日本への警告』（岩波書店、２０１６年）第6章「アメリカのゼロ・トレランスと教育の特権化」。

＊4　同右。

＊5　"Revealing New Truths About Our Nation's School." U. S. Department of Education.　https://www2.ed.gov/about/offices/list/ocr/docs/crdc-2012-data-summary.pdf

＊6　Advancement Project et al.（2011）*Federal policy, ESEA Reauthorization, and the School-to-Prison Pipeline*. NAACP Legal Defense Educational Fund; Juvenile Law Center; Advancement Project; Educational Law Center; Fair Test; The Forum for Education and Democracy.

＊7　Brownstein, R. "Pushed Out." Learning for Justice.　https://www.learningforjustice.org/mag

azine/fall-2009/pushed-out

＊8　「『ゼロトレランス方式』について」『生徒指導メールマガジン』第16号、文部科学省初等中等教育局児童生徒課、２００６年1月31日。https://www.mext.go.jp/a_menu/shotou/seitoshidou/04121503/1370136.htm

＊9　横湯園子・世取山洋介・鈴木大裕編著『「ゼロトレランス」で学校はどうなる』花伝社、２０１７年。

＊10　同右、p.7

＊11　前掲「『ゼロトレランス方式』について」。

＊12　横湯・世取山・鈴木編著前掲書、p.69

＊13　同右、p.5

＊14　同右、p.5

＊15　「学校警察連携制度」神奈川県ホームページ。https://www.pref.kanagawa.jp/docs/vn7/cnt/f6709/index.html#:~:text=%E5%AD%A6%E6%A0%A1%E8%AD%A6%E5%AF%9F%E9%80%A3%E6%90%BA%E5%88%B6%E5%BA%A6%E3%81%A8,%E6%94%AF%E6%8F%B4%E3%82%92%E8%A1%8C%E3%81%86%E3%82%82%E3%81%AE%E3%81%A7%E3%81%99%E3%80%82

＊16　Taubman, P.M.（2009）*Teaching by numbers: Deconstructing the discourse of standards and accountability in education*. New York: Routledge.

＊17　同右、p.1

*18 「次期学習指導要領等に向けたこれまでの審議のまとめ」文部科学省、２０１６年８月26日、p.13

*19 「教育課程部会 総則評価特別部会 資料１」文部科学省、２０１６年７月７日。http://www.mext.go.jp/b_menu/shingi/chukyo/chukyo3/061/siryo/__icsFiles/afieldfile/2016/07/20/1374453_1.pdf

*20 Taubman, P.M.（2009）pp.xi-xii.

*21 Cochran-Smith, M., and Fries, K.（2005）"Researching Teacher Education in Changing Times: Politics and Paradigms." in Cochran-Smith and K. Zeichner（eds.）*Studying Teacher Education: The Report of the AERA Panel on Research and Teacher Education*. New York: Routledge.

*22 Gagné, R.（1987）"Peaks and Valleys of Educational Psychology: a Retrospective View." in J. Glover and R. Ronning（eds.）*Historical Foundations of Educational Psychology*. New York: Plenum Press.

*23 Dick, W.（1987）"A History of Instructional Design and Its Impact on Educational Psychology." in J. Glover and R. Ronning（eds.）*Historical Foundations of Educational Psychology*. New York: Plenum Press.

*24 同右、p.168

*25 Apple, M. W.（2004）"Creating Difference: Neo-liberalism, Neo-conservatism and the Politics of Educational Reform." *Educational Policy*, 18（1）. p.18.

＊26　Taubman, P.M.（2009）p.183.
＊27　教育の境界研究会編『むかし学校は豊かだった』阿吽社、２００９年。
＊28　「チャーターが子どもたちをキュービクル仕様に」Labor Notes、２０１３年12月13日。https://labornotes.org/blogs/2013/12/charters-get-kids-cubicle-ready

第2章　人が人でなくなっていく教育現場

――教員の働き方改革の矛盾

1　人が人でなくなっていく教育現場

先生が先生になれない社会で、学校は、子どもたちはどのように変化していくのだろうか……。

それを如実に物語るエッセイがある。書いたのは實川瑞樹さん。大阪の府立高校に通う現役の高校生だ（2018年の執筆当時）。「暴力のない『平和』な学校―真の恐怖とは?」と題されたそのエッセイの中で、当事者である生徒の視点で描かれた学校の惨状はあまりにも生々しく、読む者に強烈に問いかけてくる。これでいいの?

2008年に大阪の公立小学校に入学した實川さんが描く学校は、教員から体罰が奪われた「平和」な学校だ。しかし、と彼は指摘する。

あなた達大人が同じように子供を教師の暴力から守ろうとした結果、そんなものよりもっと恐ろしい、耐えがたい傷を背負うことになりました。

その背景には、体罰のタブー化と、「体罰」という概念の拡大によって、言っても聞かない「やんちゃな子」に対して教員が「抑止力をなくした」世界があると言う。

近年「体罰」という言葉の範囲は拡大する一方なので、説教の際の言葉も強くすることはできません。きつい言葉を使うとつかまります。そう、手段がないのです。野放しにされた彼らにとって学校という環境はまさに天国です。

ちなみに、アメリカでは差別や偏見を排除した、政治的に正しい表現を全ての人々に求める「ポリティカルコレクトネス」運動の行き過ぎが人々を萎縮させ、公的な場で自分の意見を述べることや、人と本音で話すことを困難にしてきた経緯があるが、これはその流れと似ている。いとも簡単に個人が「権利」を口にし、何かあればすぐ訴えるような訴訟文化の拡大もともなって、本音の発言が非難のリスクをともなうのであれば、人はあたりさわりのない表現しかできなくなる。そして、しまいには何も言えなくなるのだ。

体罰も同じだ。教員の暴力から子どもを守る措置は確かになくてはならない。ただ、「体罰」という概念が一人歩きし始めると、教員は萎縮し、生徒を真剣に叱ることすらできなくなってしまう。

もっと言えば、「説明責任」のみが求められる今日の学校では、生徒指導の結果「生徒がどう成長したか」は正直あまり重要でない。それより重視されるのは「どんな指導をしたか」であって、問題が起きた際にマニュアル通りの指導の過程をきちんと説明できればそれでよい。だから、あえて「お客様を叱る」というリスクを冒さなくても、「ちゃんと注意しましたからね」と指導の証拠を残すだけで済んでしまう。

逆に言えば、説明責任さえ果たすことができれば、問題は起きてもかまわないのだ。そうして、自らに火の粉がかからないよう、行政が現場に説明責任を求めれば求めるほど、現場はマニュアルに従うことだけに徹するようになり、結果として誰も子どもの安全や成長に責任を負わない理不尽な教育現場になっていくのだ。

そして、行政が学校に体裁を整えることばかり求める中、手加減することすら学んでない「やんちゃな生徒」は、教員が両手を縛られていることを見すかすようになる。しかし、小学校での非行は「まだかわいいもの」だそうだ。


小学校6年間を自由に過ごしてきた不良少年たちが次に求めたものは性でした。どれだけ同級生をいたぶっても自分たちに危害が及ばないことを6年間身をもって学んでいますから、彼らは躊躇《ちゅうちょ》なく抵抗のできない生徒をおもちゃのように扱っていきます。

2　旭川中2少女いじめ凍死事件

実は、この言葉を実証する凄惨ないじめ事件が、實川さんのエッセイが書かれた翌年、2019年に北海道旭川市で起きている。後に、文春オンラインが「旭川14歳少女イジメ凍死事件[*1]」として報じているものだ。当時中学1年生だった少女が、自身のわいせつ画像の撮影を強要されたり、先輩や小学生が見ている前で自慰行為をさせられたりし、その画像が地元中学生らのLINEグループなどに拡散されたのだ。

全校生徒に流すからと脅された少女は、「死ぬから画像を消してください」と言い、川に飛び込んだという。目撃者の証言では、加害者の生徒たちはその様子を一斉にスマホで撮影していたというから常軌を逸している。

幸い、飛び込む直前に少女が「助けてください」とSOSの電話を学校にしていたため、駆けつけた教員らに助けられた。しかし、この性的ないじめがきっかけで彼女は学校に通えなくなり、別の学校に転校。PTSD（心的外傷後ストレス障害）も発症し、2年後の2021年3月に市内の公園で凍死した状態で発見された。家出の直前に、彼女から友人らの携帯に送られたメッセージには、自殺の意思が告げられている。そして、加害者の生徒たちは、何のお咎《とが》めも受けずに中学校を卒業していった。

記事で報じられたいじめの凄惨さもさることながら、私にとって最も印象的だったのは、反省すらできないいじめ加害者生徒らの姿だった。取材班は、保護者の許可を取った上で主犯格とされる生徒（取材時にはすでに中学校を卒業していた）らにインタビューしている。被害者生徒の死を受けてどう思ったか、という質問へのA子の答えは記者を驚かせた。

「うーん、いや、正直何も思ってなかった」

一方、被害者生徒に公園で自慰行為を強要したB男は、その行為をいじめと認識しているかとの問いに、たった一言こう答えている。

「悪ふざけ」

学校の対応はどうだったのだろうか。B男は学校に5回ほど呼び出されたそうだが、「怒られるというよりは『何があったのかちゃんと話して』という感じだった」と言っている。被害者の女子生徒は、ゴールデンウィーク中、深夜にB男に呼び出されて怖かったことを担任の先生に相談しようとしたが、「今日は彼氏とデートなので、相談は明日でもいいですか?」とあしらわれた。

また、被害者女子生徒の母親からいじめの調査を求められた学校側は、「わいせつ画像の拡散は、校内で起きたことではないので学校としては責任は負えない」と答えている。そんな学校の対応について、「冷たい」と感じたり、「なんだそれは!?」と憤りを感じる読者は少なくないかもしれない。当然だと思う。しかし皮肉にも、政府が進める「働き方改革」のもとで評価するならば「100点満点」なのだ。勤務時間外には教員は職員室への電話にも応えなくてよいし、勤務時間終了とともに留守番電話に切り替えられる学校がほとんどだ。もちろん、週末に生徒から携帯に電話がかかってきても教員には対応する義務がないどころか、教員が生徒に自分の携帯番号を教えることを許している学校の方が珍しい。画像の拡散だって、教頭の言う通り、学校外で起きたことなのだから本来学校に責任はない。ただ、本当にそれでよいのだろうか。

一つ強調したいのは、この学校では、自分のせいで14歳の少女が亡くなったかもしれないのに何にも感じない子、少女が死にたいと思ったほどの心の痛みもわからない、想像力の乏しい子どもたちが、反省する機会も得ずに卒業していったということだ。

新自由主義支配の下で教員は、「お客様を教育しなくてはならない」というジレンマを抱え、冒頭の實川さんの言葉を借りれば「抑止力」を失い、教育現場は「多種多様な悪行」がまかり通る「無法地帯」と化す。そんな中、学校は失われた自らの威厳をどう補うのだろうか。その一つの答えが、先にも述べた「ゼロトレランス」による生徒指導のマニュアル化と警察への外部委託なのだろう。

しかし、問題を起こした子どもに対して、教員がその子の成長を見据えて粘り強く指導するのではなく、言うことを聞かない場合は警察の力も借りて機械的に学校から排除していくそのシステムは、あまりにも冷たい。

本来、生徒指導こそが教育者としての専門性が生かされる領域だろう。日々ともに過ごす生徒のニーズを最もよく知る現場教員ならではの、それぞれの状況に応じた判断があるはずだ。ゼロトレランスでのマニュアル化や、警察へのアウトソーシングは、教員が自分の専門性を放棄することを意味するのではないだろうか。

塵《ちり》一つないほどまでにクリーンアップされた学校。その実態を知ることはあなたたち大人には絶対に不可能です。

そう實川さんは断言する。何を言ってもどうせ変わらない、と思っている生徒は、一見「平和」で、きれいな学校の裏側を、自分たちを守ってもくれない大人に伝えるはずがないのだ。こうして子どもたちは、大人に幻滅し、理不尽で、不公平で、正義が通らない「社会に絶望」する中で、保身のための無関心、そして思考停止状態に追いやられていく。

もはや人としての成長を促すという意味での「教育」が成り立っていない實川さんの学校の話を読んでも、私は別に驚かない。どこでも起こり得る話なのではないだろうか。

前にも紹介した私の恩師は、實川さんのエッセイを読み、こう言った。

「『現場から心がなくなっていく』を通り越して、人が人でなくなっていく」

その言葉は「世界最大の悪は、ごく平凡な人間、つまり人であることを拒絶したものが行う悪である」というハンナ・アーレントの言葉を彷彿《ほうふつ》させる。ナチス占領下のドイツでユダヤ人の大量虐殺という前代未聞の大罪が起こった理由を追及したアーレントは、「悪の凡庸さ」という結論にたどり着いた。悪とは、普通の人間には理解不能な異質な存在などではなく、実はもっと身近なもの。ごく普通の人々が集団的に思考停止状態に陥った時、そこに悪が繁殖し得るモラルの空白が生まれるのだ。

問題は複雑で、体罰をなくしたら学校が平和になると思ったら大間違いと指摘する實川さん。その通りだ。しかし、だからといって、体罰を復活させたら学校が平和になるかといえば、それもまた違う。本当は、体罰などよりもっときついものがある。それは、自分が心から「先生」と思える人との信頼関係を失うことだ。

3　「学校における働き方改革」の本質はどこにあるのか

「学校における働き方改革」の本質はどこにあるのだろうか。業務の効率化と生産性の向上、部活動の地域移行、タイムカードの導入による勤務実態の把握、給特法（後述）の改正、留守番電話による勤務時間後対応など、さまざまな対策が議論されてきた。

しかし、政府が進める「学校における働き方改革」は、どうしても教職員の勤務時間の削減に意識が囚《とら》われ過ぎているように感じる。「減らす」というベクトルが強過ぎて、政府が投資をして「増やす」というベクトルとのバランスがあまりにも悪いのだ。

また、どうも私には議論が表面的に見えてならない。もし本当に「学校における働き方改革」に取り組むなら、「学校の役割とは何か」「教師の仕事とは何か」という根源的な問いと向き合わずに実現できるわけがない。そこがすっぽり抜け落ちているから、小手先だけの改革に終わってしまうのだ。

そもそも何のための「働き方改革」なのだろうか。教員の長時間労働を是正することなのか、残業に見合う手当を支給することなのか、仕事量を削減することなのか……。私に言わせれば、これらは全て手段に過ぎない。せっかく「働き方改革」を行うのなら、私はそれが、「子どもの学習権の保障」と「教師としての幸せ」のためであって欲しいと思う。そして、この二つは決して矛盾するものではない。「子どもの学習権の保障」は、広い意味では子どもの人としての成長を担保するための条件だ。だから前者がなければ後者もない。

教員にとっての労働環境は、子どもにとっての学習環境だ。教員が心身に支障をきたすほど過酷な教育現場では、教員が生徒と十分にかかわることができなかったり、教材研究の時間が十分に取れなかったりと、その専門性を発揮できるはずもなく、それは子どもの学習権の侵害につながる。

これらの課題には、教員の数を増やすことで対応できる。少子化だから教員の数を減らすのではなく、少子化の今こそ少人数学級実現のチャンスと見るべきなのではないだろうか。２０２１年、文科省は小学校の学級編成の標準を約40年ぶりに現行の40人から35人へと引き下げたが、35人学級は世界基準ではもはや「少人数学級」と呼べるようなサイズではない。

これまで、日本の公教育は机上での勉強にとどまらず、掃除や給食の配膳、部活動や委員会活動、そして合唱コンクールや修学旅行といった学校行事など、その多岐にわたる教育が世界的に非常に高い評価を受けてきた。子どもの成長とは無関係の事務作業は確かに削る必要があるが、授業だけでなくさまざまな環境で見つめる教員だからこそわかる、子どもの良さや課題がある。

授業以外のそれらの業務を一つひとつ削《そ》ぎ落としていけば、確かに教員の勤務時間は減るだろう。だが、学習指導要領の改訂がこれまで以上に学習到達度と結果責任を強調していることを考えれば、確実に学校の「塾化」が進んでしまう。求められているのは、教科指導以外の業務削減によって教員の勤務時間を削減することではなく、これまで教員の善意と使命感のみで支えられてきた授業以外の業務を、実際に必要な人と予算をつけて維持することなのではないだろうか。[*2]

「財政が厳しい」と強調する政府を前に、これ以上の投資を政府に期待するのは現実的でないと批判する人もいるだろう。しかし、一度立ち止まって考えてみるべきではないだろうか。そもそも、子どもの学習権の保障は、景気や財政状況に左右されてよいものなのだろうか？

4 「学校における働き方改革」の政治的背景

「学校における働き方改革」――その名前からはポジティブなイメージしか湧かないが、実は諸刃《もろは》の剣であり、新自由主義的な環境の中で断行されれば、逆に破壊的な効果を教育界にもたらす危険性がある。だからこそ、安倍政権以降進められてきた「働き方改革」とは一線を画した教育条件整備が求められている。

安倍政権は「働き方改革」を国政の最重要課題の一つと位置づけ、文部科学省だけでなく経済産業省までもがそれを強力に後押しした。しかし、それは何のための「働き方改革」だったのだろうか。安倍元首相は、「一億総活躍社会を目指す私たちにとって、『働き方改革』は最大のチャレンジ」と明言していた。[*3]

つまり、一番の狙いは、高齢者や主婦など、これまで働いてこなかった人々が働けるようにする仕組みづくりであり、少子高齢化対策として浮上した「一億総活躍社会」という社会構想の実現だった。だからこそ「柔軟な労働制度」というキーワードとともに、ICT（情報通信技術）を用いた遠隔労働やフリーランスの働き方を前面に出したのだ。ちまたで「働かせ方改革」と揶揄《やゆ》されたのも無理はない。

「第四次産業革命」「人生100年時代」「グローバル化」を生き延びるために世界各国が「能力開発競争」に挑む時代……。平成29年度補正予算の概要にて、当時の経産省はそんな言葉で時代を展望した。そして「日本経済・地域経済・中小企業を動かす人材を育む『人づくり革命』を進めるべく、学校教育・企業研修等の現場において、AI等の先端技術や産業・学術・芸術・スポーツ等のあらゆる分野の知を総動員した新たな学びを可能にするEdTechの開発・実証を進め、国際競争力ある教育サービス産業群を創出する」[*4]と謳《うた》った。

その随所に見られたのは、教育は経済的要求に従属するものという新自由主義的な価値観であり、官民連携による教育産業の活性化と、公教育を利用した新たな労働市場の開拓という安倍政権のアジェンダだった。

公教育の新自由主義化を加速したい安倍政権は、教員の過労死や「ブラック部活動」が社会問題に浮上したことで、「教員のため」の改革という大義を手にしてしまったのだ。

5　学校における働き方改革という「トロイの木馬」

（『教育』２０１８年7月号からの抜粋）

このような政治背景において、教員の負担削減の名の下に「学校における働き方改革」が強力に進める官民連携事業は、「諸刃の剣」どころか日本の公教育に民営化をもたらす「トロイの木馬」となりかねない。

２０１８年2月9日付で全国の学校に出された文科省事務次官による通知では、学校業務が「基本的には学校以外が担うべき業務」「学校の業務だが、必ずしも教師が担う必要のない業務」「教師の業務だが、負担軽減が可能な業務」の3種類に仕分けされ、児童生徒の休み時間における対応、校内清掃、部活動、給食時の対応、学校行事の準備・運営、進路指導、支援が必要な児童生徒・家庭への対応など、多岐にわたる学校業務の民間委託が提案された。[*5]

家庭力の低下などにともなう業務の増加など、「抱え過ぎ」との批判を受けてきた日本の学校をスリム化すること、予算をつけて教育現場に人員を増やすことは確かに必要だ。

しかし、すでに官民連携が進められてきた海外では深刻な懸念事項も指摘されており、手放しでは喜べない。

その一つは、官民連携のために創設された政府の補助金が突如打ち切られ、財政危機を理由に本来公共事業であったものが民営化されることだ。例えば、部活動の「地域移行」が進んだとする。勉強は学校、部活動は地域団体という住み分けができ、学校は放課後の活動を地域団体に依存するようになる。しかし、そのような依存体質ができた後に、政府の補助金が突如打ち切られたらどうなるか。そうなれば、部活動は学校教育から完全に切り離され、民営化される他はない。

実際に、アメリカでは政府による補助金の設立、それを利用した民間委託の拡大、そして突然の補助金打ち切りが、公教育をはじめ多くの公共事業民営化のきっかけをつくり、格差を助長してきた。そうなれば、スポーツ、音楽、その他芸術など、今まで部活動がカバーしていた課外活動に参加することが、裕福な家庭の子息、もしくは財政の潤沢な地域に住む子どもたちの特権となる日が日本でも来るかもしれない。

6　学校部活動の「地域移行」という名の「民営化」

（『クレスコ』２０２２年2月号からの抜粋）

「中学校に入ったら何の部活に入る？」そんな会話が過去のものとなりつつある。

私が子どもの頃は、中学校に上がれば運動系や文化系のさまざまな部活があって、誰でも自分が選んだ部活に入れるのが普通だった。その意味で部活動は、分け隔てなく与えられた子どもたちの「権利」だった。ただ大事なのは、その権利を保障してきたのは政府ではなく、教職員だったということだ。

政府は部活動を学校教育の中に位置づけておきながら教育課程外に置き、それを無理なく賄うための予算と人員を配置してこなかった。部活動は学校が行うものであり、やりたい生徒たちもたくさんいる。それをほぼボランティアで、しかも時には専門外の部活動を、時間外労働や休日出勤など、政府も認めるほどの「献身的な勤務」で無理やり成り立たせてきたのは教職員だった。

しかし、いざ教職員の過剰労働が社会問題化すると、教職員に対するこれまでの搾取を放置してきた政府は、まるで知らなかったかのように教育委員会や学校に対して「業務改善」を命じ、[*6]「部活動ガイドライン」[*7]を設けて教育委員会や学校に持続可能性の観点から運動部活動の抜本的な改革を求め、しまいには部活動を「地域移行」して民間のスポーツクラブなどに委託することを決定した。

まず政府は、部活動の運営にこれまで必要な人的・経済的投資をしてこなかったために搾取を強いてきた教職員に謝罪するところから始めるべきではないのか？　その反省もなしに部活動を地域に移行しても、結局は家庭や自治体が「自己責任」で賄うことになり、家庭間・自治体間の経済格差がスポーツや芸術にも反映されるだけだろう。

忙し過ぎる教職員の負担を軽減するために、学校が主体となって行っていた部活動を地域に「移行」する……。これだけ聞けば、大半の人が納得するのではないかと思う。しかし、今、政府が進めようとしているのは、単なる部活動の「民営化」に過ぎない。

経産省の描く「地域スポーツクラブを軸にした新しい社会システム像」[*8]（次ページ図）では、今後、スポーツをビジネスとして行っている企業が、採算の取れる形で部活動を担っていく。そこには学校法人も部活動をやりたい教職員も（兼業規制を緩和して）参画できるが、保護者の費用負担が発生することは文科省も明言している。

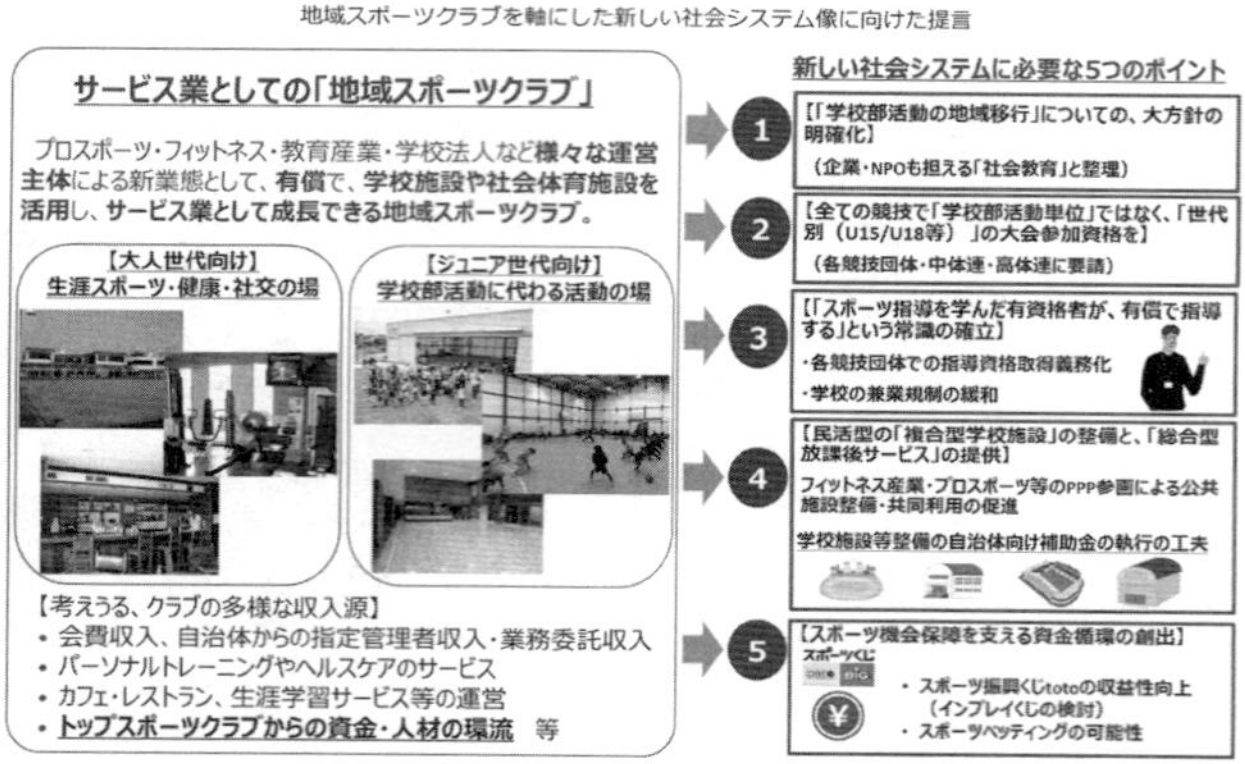

経済産業省「地域×スポーツクラブ産業研究会　第１次提言」による、今後の地域スポーツと社会システムのあり方

つまり、これまで無償で行われていた部活動に謝金が必要となるわけで、他の「習い事」と変わりなくなるのだ。「携帯に払うようにスポーツにもお金を払うと頭を切り替える必要」があるとの声まで聞こえてくる。[*9]

政府は、家庭間や自治体間の格差が生じないような配慮が必要であり、地方自治体は保護者負担を抑えるために適切な減免措置などを行うこととし、政府としてもそれに対する支援をすると言う。しかし、これまで貧困世帯への部費などの十分な支援を怠り、専門の指導者も揃えずに学校間格差を放置してきた政府の言葉はあまりにも軽い。

まともな支援をする覚悟があるのなら、部活動の位置づけを明確にすればよいだろう。

そのためには、部活専門の指導者を揃えたり、部活を指導する教員の授業時数を削ったり、そこをカバーするための教員を増員したりしなくてはならないだろう。しかし、そんな予算はかけたくない。それならいっそのこと部活動を学校から切り離して、新たな市場を開拓しよう。ただそれだけのことだ。

だから、これまでの政府の投資責任の放棄を問わずして、問題の本質的な解決はあり得ない。ビジネスとして成り立たせようとする民間クラブがひしめく市場に委ねたところで、自己責任論に基づく格差の拡大は免れないだろう。

元中学校教員として、部活動が教職員の負担になってきたことは十分理解できる。しかし、子どもや家庭、自治体の立場からしてみればどうなのだろう。「お金が払えないから」との理由で、好きなスポーツや芸術に取り組めない子どもが出てこないだろうか。そもそも、政府が「部活動の地域の受け皿」と想定するスポーツクラブなどが存在しない中山間地域などでは、誰が部活動を担っていくのか？　吹奏楽部などを考えれば、地域に音楽指導者がいないところはどうするのか。指導者を配置する予算が取れない貧しい自治体はどうするのか。潤沢な予算をつけられる大きな自治体もあれば、財政難で家庭への減免措置を約束できない小さな自治体もあるだろう。結局は過疎地からスポーツクラブのある大きな自治体に子育て世代が流出し、地方都市への人口集中と、私が住む高知県土佐町《とさちょう》のような中山間地域の切り捨てにつながるのではないだろうか。

政府は「部活動を学校でやる必要があるかどうか？」という議論の枠組みの中で、私たちに活発な議論を奨励する。しかし本来問うべきは、「スポーツや芸術の機会は子どもたちの『権利』か、それともお金で買う『サービス』なのか」であり、もしそれが権利であるならば、「政府は子どもたちの権利を保障する気があるかどうか」ではないだろうか。

部活動という「社会の富」の商品化[*10]がまさに今、進められようとしている。

7　安易な官民連携が招く教職の超合理化と学校の塾化

さらには、貧弱な教育観のもとで進められる官民連携は、教職の超合理化と学校の塾化を招く危険性がある。確かに官民連携で教員の仕事量は削減されるだろう。しかし、やみくもに教員の仕事を減らせばよいわけではない。

今日のテスト至上主義の流れの中で教員の仕事削減を行えば、全国学力テストで測ることのできる「学力」と関係のない仕事から削減されていくのは目に見えている。部活の外部委託に始まり、修学旅行、運動会や合唱コンクールなどの学校行事、そして生徒会活動や進路指導が外部委託もしくは廃止され、「学校警察連携制度」の名の下に、生徒指導さえもが学校業務から完全に切り離される日が来るかもしれない。

教職の超合理化が進み、ますます主要教科のテスト対策以外の、教育的に必要な「余白」は消え、学校の塾化が進むだろう。塾とは異なる学校の役割は、本当にないのだろうか。

日本に先駆けて教育の数値化と学力標準テストによる教育現場への結果責任の追求を続けてきたアメリカで、公立学校の民営化とＡＩの導入による授業の自動化が加速したのは決して不思議なことではない。人間の教育を数値化し、「学力」を国語と算数のペーパーテストで測れる能力に閉じ込め、教育現場に「結果」責任を求める中で効率性と生産性を追求するならば、すでにそのノウハウを持っている塾やＡＩの技術に任せた方がよいのだ。「教員のため」という名目で、学校業務のスリム化と「生産性」の向上を求めれば求めるほど、教員の職が奪われていく……。こんな皮肉があるだろうか。

8 「サービス業」なのか「教育者」なのか

そもそも、私たちは今、学校の教員が「先生」でありにくい世の中を生きている。教員がサービス業のように扱われ、「お客様を教育しなければならない」という難解なジレンマを抱えていることはすでに述べた通りだ。そして、教師としての仕事を守るなら、このジレンマの解決につながらない「働き方改革」はあり得ない。

このジレンマが内包するのは、教員のサービス労働者としてのアイデンティティと、教育者としてのアイデンティティの衝突に他ならない。それは「現職教員審議会」を立ち上げ、教員の働き方改革に関する緊急記者会見[*11]を開いた現職教員のこんな声に象徴されている。

「皆さんにわかっていただきたいのは、僕たち教員というのは自分たちの生活や権利のことだけを訴えたいのではありません。教員として、目の前の生徒や日本の未来というものに責任を持ちたい」

「もう一度僕たち教員に、授業者としての誇りを取り戻させてもらいたい。……一人間として最低限度の生活を営むための時間やゆとりを与えてもらいたい」

第1章でも述べた通り、今日の教員は、生徒や保護者に口では「先生」と呼ばれつつも、時にはサービス業の店員のように扱われ、サービス業のようにお客様の言う通りにすれば、「もっと先生らしく」と求められる。

このような状況で、教員が搾取の実態や労働者としての権利を主張すれば、確かに世間の同情は集まり、労働条件は改善するだろう。しかし、だからといって教育者としての教員のニーズが満たされるわけではなく、「お客様を教育しなければならない」というジレンマの解決にはならない。

もっと言えば、教員が労働者としての権利を主張すればするほど、教員と生徒・保護者間の「労働者」―「お客様」という関係性の縛りは逆に強くなるだろう。保護者から、「先生だいぶ楽になったんでしょ?」「給料もたくさんもらえるようになったんでしょ?」と言われるようになれば、これまで以上に教員が「先生」になれない社会になる可能性の方が高いだろう。

9　教員は何で勝負するのか

「じゃあ学校の先生たちはいったい何で勝負するんですか?」

22年前、野球部の外部指導者の方に言われたその言葉を、私は今でも鮮明に覚えている。当時の私は教員1年目。バリバリの高校球児であった外部指導者の方が率いる野球部の顧問を任された。私自身も野球経験者で野球が大好きだったものの、その方の技術と知識は段違いに優れていた。

私が着任した時には、すでに1年分の野球部の大会予定が決まっており、合間の土日には当然のように練習試合が組まれていった。生徒といることに喜びを感じていたし、最初はそれでもよかった。しかし、プライベートの時間もなく、人に決められた予定に合わせて生活するのが、だんだんとしんどくなっていった。

部活に限らず、教員としての業務があまりにも多岐にわたっていたため、教材研究の時間も、1日1時間取るのがやっとだった。そんな弱音を彼に漏らした時に戻ってきたのがその言葉だった。「じゃあ学校の先生たちはいったい何で勝負するんですか?」

私は、何も言い返せない自分が嫌だった。野球の専門家であるシニアリーグの野球指導者や、授業を教えることに特化する塾講師の存在が脳裏をよぎり、学校教員の自分は全てが中途半端な気がした。

結局、私は勝負できる環境を自分でつくる他なかった。人としての生徒の成長に深く携わりたいと願った私は、1週間3回の英語の授業ではとうてい足りない、生徒との信頼関係構築の場を部活などの課外活動にも求めた。生徒の下校時間までは極力生徒と過ごし、一人でできる事務作業は後回しにした。3年目には校長から野球部を一人で任され、あの外部指導者の方からいただいた言葉を思い出しつつ、指導者として成長できるよう精進した。

自分の師匠も見つけ、一から学び直す覚悟を決めた。たくさん叱られ、反省し、それでも師匠の技を盗もうとすればするほど、自分が目の前の子どもたちの「先生」に近づいていくのを感じた。自分が「生徒」になったことで、初めて「先生」への道が開けた気がした。いつしか、私のそんな姿を見て保護者も団結し、私が頼むことには全面的に協力してくれるようになっていった。

同時に、英語の教材研究にも力を入れた。授業がつまらなければ生徒は耳を貸さなくなるし、生徒との信頼関係は築けない。生徒たちが私の英語の授業を楽しみにしているかどうか、それが自分にとって一つのバロメーターとなった。英語を通して、生徒たちの小さな世界が広がっていくことに魅力を感じた。

また、学年の生徒指導担当となって、やんちゃな生徒たちとも泥臭くかかわり、その後もずっと続く得がたい人間関係を手に入れた。学級経営にも力を注いだ。授業なのか部活なのかと、悩む時期もあったが、そうではなく、教員の専門性は子どもなのだと感じた。数学だけを専門的に教えたいなら、塾の講師になればいい。サッカーだけ教えたいなら、クラブチームの指導者になった方がいい。

学校の教員は、学校生活を通して子どもたちのさまざまな表情を見ることができる。ずっとそばにいる教員だからこそ見えてくる一人ひとりの良さや課題がある。それぞれが持つ良さを見抜き、伸ばすことで、子どもの生きる力を育むのだ。そうやって本気でかかわった子たちとは、一生の付き合いになる。教え子が進学し、生業《なりわい》を見つけ、家族を持ち、一人の人間として立派に成長し、次の世代にバトンをつないでいく姿を見守れることこそが教師の幸せなのではないだろうか。

だから教員は歯を食いしばって頑張れ、などと言いたいわけではない。経済協力開発機構（OECD）が2013年に発表した国際教員指導環境調査（TALIS2013）の結果を分析した妹尾《せのお》昌俊は、「過労死ラインを超えるくらいの長時間労働をしている教師は、部活動も、授業準備も、校務分掌や学年事務、添削も熱心にやっており、もっと時間があれば授業準備や自己研鑽《けんさん》をもっとしたいと思っている傾向が強い」ことが示唆されていると述べている。[*12]

私がそうだったように、過労死ラインを超えて頑張っている教員は、行政の十分な支援がないため、残業することで、自分が「先生」になれる環境を無理やりつくろうとしているのではないだろうか。

大人が子どもの心をつかみあぐねているこんな時代だからこそ、教員の仕事を、子どもの人としての成長を支援することととしてとらえ直す必要がある。教員が「私たちの仕事を減らせ！」と労働者の権利を主張するのではなく、「私たちにちゃんと仕事をさせろ！」と「子どものプロ」としての義務と責任を追求した方が世論もついてくるだろう。

教員の現場裁量を保障すること、教員の数を増やして子ども一人ひとりと向き合う余裕を確保すること、自己研鑽するための休みを確保すること、生徒の成長と直接関係のない調査などの事務作業を外部委託もしくは撤廃すること、点数に依拠したPDCA（Plan, Do, Check, Action）サイクルを廃止すること……。教員が教えに浸り、子どもの成長を促す環境づくりのために行政ができることはたくさんある。

10 「学校における働き方改革」の先に教師としての幸せはあるのか？

「私ね、この学校に来てからね、なんか先生らしいんよ」

先日、ある高校教師が、嬉《うれ》しそうに私に言った。高知県の過疎地にある、全校生徒数70名程度に過ぎないその小規模校に来てからというもの、クラスの生徒全員と、ゆとりをもって向き合えている実感があるのだそうだ。

その言葉にうなずいた別の教師は、裏面までコメントで埋め尽くしたテストの回答用紙は、生徒への「赤ペンのラブレター」だと教えてくれた。その教師は、生徒の数が少ない分だけ、恋の悩みだとか、家族のことだとか、思春期の子どもたちが抱えている悩みとまっすぐに向き合える今の教育環境に、やりがいと達成感を感じていると言う。

「同窓会とかに呼ばれてね、ああ、この子成長したな、って思えるのがご褒美なんよ。お金じゃないがやき」

だから、たとえ仕事からの帰りが夜中になっても苦ではない。そう言った後に、彼女は付け加えた。「『働き方改革』と言うなら、残業代など出さなくてもいいから、行き帰りの高速代を出して欲しい。少しでも長く生徒と過ごし、少しでも早く家族のもとに帰れるように」

しかし、効率性と生産性を強調するその働き方改革が目指す教育条件整備は、彼女が求める教育環境とは噛《か》み合わない。政府が進める「学校における働き方改革」の先に、はたして教師としての幸せはあるのだろうか。それ以前に、教師という仕事は残るのだろうか。

勤務時間と仕事量削減の要請と業務効率化の観点から、教育現場では著しい勢いで自動化が進んでいる。教員の出退勤はタイムカードで管理され、勤務時間終了後は電話が自動的に留守番電話に切り替わり、授業は誰がやっても同レベルの「パフォーマンス」が発揮できるように学習スタンダードで統一され、生徒指導さえ「ゼロトレランス」の名の下にマニュアル化され、いじめに対しても、それをなくすことよりも、いかに防止・解決しようとしたかという証拠を提示できるかどうかで評価される。「ちゃんとマニュアルに書いてありますよ」、そう応答できるだけで事足りてしまう。

2018年にちょうど100歳で亡くなった教育哲学者、大田堯《たかし》（東京大学・都留《つる》文科大学名誉教授）は、自分の遺書として出版した本『ひとなる』[*13]の中で、「雇用」を目指す教育と「就業」を目指す教育の間には天と地の差があると指摘している。

経済のニーズに当てはめる「人材」の養成を教育の目的とするのか、それとも子どもの自己実現を目指し、子どもが人生を歩んでいく上で社会的価値を見出すことのできる、一人ひとりの生業を見つけることを支援するのか。

もし、私たちが親として、そして大人として、子どもの自己実現を支援する機能を学校教育に期待するのであれば、まずは子どもたちにとって最も身近な大人である教員が「先生」として充実した人生を送る姿を子どもたちに見せることが一番だと思うし、そのために教員が生徒を深く知り、その成長に寄り添い、教え浸れる、教員にとってそんな贅沢《ぜいたく》な教育環境を行政が率先して整えることが求められているのではないだろうか。

しかし、もし「働き方改革」が、教育の専門家としての教員の尊厳と裁量以上に、彼らの労働者としての権利を尊重するならば、おそらくその改革は骨抜きにされ、すでに進みつつある教師という仕事の消滅を加速させてしまうだろう。逆に、教育の専門家としての教員の尊厳と裁量を優先するならば、結果的に労働者としての教員の権利さえもが守られることになるのではないだろうか。

最近、若い教員らと話す中で、彼らが「サラリーマン教師」という言葉を知らないことに驚いた。生徒に大変な問題が起きていても定時に来て定時に帰り、勤務時間はこなすが、それ以上のことはしない……。批判の対象とされてきた教員像は、いつしか「目指すべき教員像」へと変わっていた。

働き方改革は間違いなく必要だ。だがそれは、労働者としての教員の権利ではなく、教育者としての責任と幸せの追求の形であって欲しいと、私は願っている。

11 「リセット」の先の景色を見に行こう～埼玉教員超勤訴訟～

（『クレスコ』2021年11、12月号）

「一度リセットしたい。そう思ったんです」

その言葉を聞いて、私のモヤモヤは晴れた。「私は生まれ変わっても教師になりたいと思っている」。そう言い切る彼と、彼が裁判を起こしてまで求めたもの（242万円の残業未払い賃金と国家賠償）とが、私にはどうにも結びつかなかったのだ。

裁判にかかわっている友人を通して私が連絡を取ったのは、田中まさおさん（仮名）。2018年9月に埼玉県を相手取って超勤訴訟を起こしたベテランの公立小学校教員だ。教員による労働基準法第37条（残業や休日労働時の割増賃金支払い義務）違反に基づく残業代未払い訴訟はこれが初めてではなく、これまでの訴訟は棄却され続けてきた。教員には「給特法[*14]」によって基本給の4％の「教職調整額」が支払われており、原則として労基法第37条は適用されないというのがその主な理由だ。

しかし、給特法のもとで教員に対して時間外勤務命令が出されるのは「超勤4項目」（生徒の実習、学校行事、職員会議、災害など緊急事態）に限定されている。ならば、それ以外で校長の指揮命令下にて行われる業務は労基法上の「労働」と見なされるべきではないのか。また、それらを含めた労働時間の合計が、労基法第32条が定める1日8時間の法定労働時間を超えるなら、国家賠償請求ができるのではないか、という予備的請求が提示され、大事な争点となったのだ。

２０２１年10月1日、さいたま地裁（一審）判決の日。結果は、いずれの賠償請求も棄却だった。しかし、原告の弁護団と支援者が判決後に裁判所の外で掲げた旗は、意外にも「画期的な判決」だった。国賠法上の違法性までは認められなかったものの、原告が提示した「超勤4項目」以外の時間外労働の一部が「労働時間」として認定されたのだ。

この判断には、「超勤4項目」以外の勤務時間外労働を、残業手当支給の対象とならない教員による「自発的行為」と扱ってきた文科省の法解釈を覆す意味があった。そして、校長の指揮命令下における業務による長時間労働が常態化している場合、国家賠償法上の請求が認められる可能性が示されたのだ。

話を元に戻そう。先述のように、安倍政権下で始まった「学校における働き方改革」に懐疑的な立場をとってきた私にとって気になっていたのは、今回の裁判がこれまでの「働き方改革」路線とどう異なるのか、であった。彼が求めるのは本当にお金なのだろうか？

田中先生は、予想通りの熱い人だった。教員にとって「良かった時代」を知っている彼は、今日の教育現場の惨状を話してくれた。教員はもはや、人を育てるどころか子どもの

「見張り役」にされている。その上、残業代も出ない長時間労働で搾取されている、と。教員本来の役割を裁判で取り戻すことはできなくても、まずは教員を不当な搾取から解き放つことはできる。せめて仕事は勤務時間内に終えて、教員が自分の時間で学べるような、そんな労働環境をつくりたい。次の世代に無賃労働を残しちゃいけないんだ。それが田中先生の選んだ挑戦だった。

「この裁判は、応急措置ということですね?」という私の問いに、そうだ、と答えた田中先生。次に彼の口から出たのが、一度リセットしたいと思った、という冒頭の言葉だった。私は、その言葉をこう理解した。今日の教員は「人」にもなれていない。行政はまず教員に対する搾取を認め、教員を「人」として扱うこと。教員が「教師」になるための環境づくりはそれからだ。この裁判は、スタート地点に立つための裁判だったのだ。

では、「リセット」の先にあるものは何なのだろうか。まずは教員の人間らしい生活を保障したいと言う田中先生が真に求めていたものは、教員の自由だった。

子どもの成長に必要とも思えない仕事をやらされるのに、それを「自主的」にやっていると見なされ、残業代さえも払われない。そんな理不尽な世の中でよいのか、というのが彼の怒りの源だ。しかし、その背景には、やりたくもない作業を次々と押し付けられるために、教材研究だったり問題を抱えている生徒に寄り添ったり、真に自発的で創造的な仕事ができないことに対する憤りがあった。彼は私へのメールの中でこう嘆いた。「教師の自由と教師の自発性・創造性が奪われている」

今回の裁判で裁判所は、教員の業務には校長の指揮命令下で行われる業務と教員による自主的・自発的・創造的な業務があり、それらが渾然《こんぜん》一体となっていると指摘した。教育法学者の髙橋 哲《さとし》は、「原告自らがその教育的見地から自主的に決定した」授業準備、教材研究、保護者対応、生徒のノート添削に要した時間が「労働時間」として認定されなかったことに対して、「この『教育的見地』によって導かれる教育活動にこそ、教師という仕事の核心があるように思われる」と鋭く指摘している。[*15] 何が教師の仕事であり、誰がそれを決めるのか……。埼玉教員超勤訴訟の根底にあるのはそのような問いなのではないだろうか。

とすると、髙橋も指摘しているように、勤務時間内にどれだけ教員の自主的・自発的・創造的な業務に費やす時間が担保されているのかが、問題の核心となるのではないだろうか。校長の指揮命令下で行われる業務だけが優先され、授業の準備や生徒との対話、同僚との生徒に関する情報交換などの業務は時間外に追いやられていないだろうか。

まずは校長の指揮命令下で行われる教員の業務の精査と削減が必要だろう。給特法が施行された1972年と比べ、「超勤4項目」以外の業務はどれくらい増えているのだろうか。半世紀経《た》った今も、「超勤4項目」の見直しは必要ないのだろうか。そして最終的には、教員が勤務時間内に「やらなくてはならない」業務と自主的・創造的な教育活動を含めた業務の両方を終えるには、行政が、どれくらいの教員や事務職員を増やせばよいのかという課題と真摯に向き合わなくてはならない。そして何よりも、「自発性・創造性に基づく仕事」という、給特法が教員に特別に適用される前提となった教師という仕事のあり方は、今もなお健在なのだろうか。

今回の訴訟は、田中先生が求める「リセット」以上の結果をもたらす可能性があるように私は思う。そして、そうなるように、彼と同様の境遇にある教員をはじめ、多くの人が「自分ごと」としてこの訴訟に積極的にかかわっていかなくてはいけない。この訴訟の到達点を「リセット」で満足するのではなく、皆で、その先の景色を見に行こう。

【追記】

東京高裁で行われた控訴審（二審）は、一審のさいたま地裁判決を踏襲し、２０２２年8月25日に控訴を棄却。原告は最高裁判所に上告したが、２０２３年3月8日に不受理となり、裁判は終了した。しかし、埼玉教員超勤訴訟の弁護団は、原告を全国の教員から公募する集団訴訟として第二次訴訟を計画している。[*16]

先述の髙橋は、第二次訴訟の課題は、労基法違反を主たる争点とした第一次訴訟とは一線を画し、裁判を通して浮上してきた憲法問題を最初から争点に設定することであると指摘している。例えば、一審も二審も「超勤4項目」以外の時間が労基法上の「労働時間」であると認めたにもかかわらず、原告の授業がなかった「空き時間」を時間外労働の総計から差し引いたことを鑑みると、「正規の勤務時間にありながら労働時間性を否定することは、公立学校教員のみを対象とする差別ではないのか」（憲法第14条が禁止する不当な「差別」）、また、過剰な時間外労働は授業準備時間の不足を教員にもたらすなど、結果として憲法第26条が規定する子どもの「教育を受ける権利」の侵害にもつながるのではないか、と指摘する。[*17] 第二次訴訟の行方に注目したい。

註

＊1　「『娘の遺体は凍っていた』14歳少女がマイナス17℃の旭川で凍死　背景に上級生の凄惨イジメ」文春オンライン、２０２１年４月15日。https://bunshun.jp/articles/-/44765?fbclid=IwAR0T6bXoPW1114lD14PvK_MsOLlaYQ4WRpGM7CCoAFJpQwPVjHzp1GnMy_I

＊2　この点に関しては、「ゆとりある教育を求め全国の教育条件を調べる会」の山﨑洋介が『いま学校に必要なのは人と予算―少人数学級を考える』（新日本出版社、２０１７年）で詳しく書いている。

＊3　「『働き方改革実現推進室』看板掛け・訓示―平成28年９月２日」首相官邸 YouTube。https://youtube.com/watch?v=fYV8iiQxPy4

＊4　「平成29年度　補正予算案の概要（ＰＲ資料）」　https://alive-business.com/wp/wp-content/uploads/2018/01/h29_hosei.pdf?utm_source=abc&utm_medium=budget&utm_campaign=201801

＊5　「学校における働き方改革に関する緊急対策の策定並びに学校における業務改善及び勤務時間管理等に係る取組の徹底について（平成30年２月９日付　事務次官通知）【概要】」　http://www.mext.go.jp/b_menu/shingi/chukyo/chukyo3/079/siryo/__icsFiles/afieldfile/2018/04/19/1403579_1.pdf

＊６　文部科学大臣決定「学校における働き方改革に関する緊急対策」２０１７年12月26日。https://www.mext.go.jp/content/20200210-mxt_zaimu-000004400_1.pdf

＊７　スポーツ庁発表「運動部活動の在り方に関する総合的なガイドライン」２０１８年３月。https://www.mext.go.jp/sports/b_menu/shingi/013_index/toushin/__icsFiles/afieldfile/2018/03/19/1402624_1.pdf

＊８　「地域×スポーツクラブ産業研究会の第１次提言を取りまとめました」経済産業省ホームページ。https://www.meti.go.jp/press/2021/06/20210625005/20210625005.html

＊９　「部活が変われば日本は変わる」為末大 note、２０２１年12月12日。https://note.com/daitamesue/n/n14ad39cb349e?fbclid=IwAR3bO7JIniC07qHUyDmqO7m4wc9qQ6xYnB2rjv3VZ3vnJvidPfCWQ4T8SA

＊10　詳しくは、斎藤幸平『人新世の「資本論」』（集英社新書、２０２０年）。

＊11　「現職教員による記者会見①（前半：提言説明）」Kyodo Columns YouTube。https://youtube.com/watch?app=desktop&v=a-RAbzQiDYI

＊12　妹尾昌俊『「先生が忙しすぎる」をあきらめない―半径３ｍからの本気の学校改善』教育開発研究所、２０１７年、p.46

＊13　大田堯・山本昌知『ひとなる―ちがう・かかわる・かわる』藤原書店、２０１６年。

＊14　１９７２年に施行された「公立の義務教育諸学校等の教育職員の給与等に関する特別措置法」。

＊15　髙橋哲「『聖職』神話への挑戦―埼玉教員超勤訴訟10・1判決の意義と課題」『世界』２０２１

年12月号、p.30

＊16　江夏大樹「日本の公教育を崩壊させない――『埼玉超勤訴訟』第二次訴訟へ」『教育』２０２３年11月号、p.32

＊17　髙橋哲「公立学校教員の時間外勤務をめぐる新争点――埼玉教員超勤訴訟上告棄却決定を受けて」『季刊労働法』２０２３年冬季号、p.67

第3章　新自由主義時代の「富国強兵」教育と公教育の市場化

——政治による教育の「不当な支配」

1 「檻《おり》の中のライオン」が暴れている

教育を通して強くて豊かな国を作るのだ。教員が何を教え、子どもたちが何を学ぶのかは国家が決める。激化する国際競争を勝ち抜くために、国が必要としているグローバル人材を育成するのだ。余計なことは考えるな。教育を通して愛国心と郷土愛を培い、国が示す学力の向上に励めばそれで良い……。

それが安倍晋三と菅義偉《すがよしひで》という平成・令和の一時代を担った二人の首相の本音だったのではないだろうか。「戦後レジーム」——安倍元首相は、憲法や教育基本法など、日本の占領時代に作られたさまざまな制度とその精神をそう呼び、「戦後レジームからの脱却」を掲げた。その安倍元首相を官房長官として支えたのが次の菅義偉元首相であり、安倍路線はそのまま継承された。本章では、日本学術会議会員の任命拒否問題を皮切りに、「戦後レジームからの脱却」という名の下に進められた教育への政治介入と新自由主義時代の「富国強兵」教育について考えてみたい。

弁護士の楾《はんどう》大樹《たいき》は、著書『檻の中のライオン』[*1]の中で、国家権力を「ライオン」、憲法を「檻」にたとえ、国家権力とそれを制限する憲法の関係を、わかりやすく伝えている。まず、私たち一人ひとりには、生まれながらにして基本的人権がある。そして、個性豊かな私たちが、お互いを尊重しながら一つの社会で共存していくために国が必要となる。大事なのは、元々「個人のために国家がある」わけで、かつて戦争への道を突き進んだ日本がそうであったように「国家のために個人がある」わけではないということだ。だから、皆が健康で幸せに暮らせるよう、ライオンには皆の権利を守りつつ国を治めてもらわねばならない。そこで必要となるのが、権力を手にしたライオンの暴走を封じ込める「檻」であり、その役割を果たすのが憲法だ。

しかし近年、日本では「檻の中のライオン」が暴れている。それを象徴する一つの事件が、日本学術会議会員の任命拒否問題だった。２０２０年の10月１日、日本学術会議によって推薦された新会員候補１０５人のうち６人を、当時の菅首相が任命拒否したのだ。しかし、その行為は会員選出人事における自律性・独立性を保障する日本学術会議法に反するだけでなく、憲法で保障されている学問の自由（第23条）をも侵害すると大問題になった。

それ以前にも、特定秘密保護法の成立（2013年）、集団的自衛権の行使を容認する安全保障関連法の成立（2015年）、文化審議会文化功労者選考分科会委員候補の官邸による差し替え要求（2016年）、「あいちトリエンナーレ2019」に対する文化庁の補助金不交付問題（結局は減額交付で決着）、検察庁法改正案（2020年に国会に提出されたが、世論の反対を背景に見送り）といった動きがあったことは、日本学術会議会員の任命拒否が独立した問題ではないことを意味している。

そしてこれらの先にあるのは、自民党内で長年にわたって議論されてきた憲法の改正なのだろう。しかし、主権者である国民が訴えるならまだしも、閉じ込められているライオン自らが檻の不都合を訴えるのはおかしな話だ。

それと同じ構図が、日本学術会議会員の任命拒否事件にも見られる。慶應義塾大学（当時）の藤谷《ふじたに》道夫は、民主主義とは「多数決を捨てること」だと主張する。

現代の民主主義はロゴス（言葉、論理）主義であるべきです。論理に従って議論し、たとえ少数派であってもより正しく合理的な方が勝つ。数ではありません。議会は、そのためにあります。拙速に多数決で決めて間違うより、じっくり考えて正しい道を選んだ方がいい。多数決が正しいなら、天動説が正しかったことになります。[*2]

政治思想史を専門とする獨協大学の網谷壮介《あみたにそうすけ》は、これを「民主主義の可謬《かびゅう》性」という言葉で説明する。[*3] 民主主義は判断を間違える可能性がある。だから多数決で自動的に決めるのではなく、少数の異論にも耳を傾け、議論する。理由も説明せずに権力を行使することこそが民主主義に反しているのだ。

同時に、間違える可能性があるからこそ、学問が必要なのだろう。その意味で、憲法が国家権力にとっての「檻」であるように、日本学術会議はライオンの檻の看守でもある。自ら檻の不都合を訴えて憲法の改正を試みたのと同様に、国民から頼まれてもいないのに檻の看守を代えようとした……。それが日本学術会議会員の任命拒否問題の構図だ。

2 「個人のための教育」から「お国のための教育」へ

日本学術会議が政治からの独立性を保障されている背景には、政治によって科学が戦争に利用された歴史がある。まだ戦後間もない1949年、日本学術会議の発足にあたり、第1回総会で決議された決意表明文にはこんな一節がある。

われわれは、これまでわが国の科学者がとりきたつた態度について強く反省し、今後は、科学が文化国家ないし平和国家の基礎であるという確信の下に、わが国の平和的復興と人類の福祉増進のために貢献せんことを誓うものである。[*4]

戦後、そのように反省したのは科学者だけでなく、教員もまた同じだった。上の決意表明文に出会った時、私が真っ先に思い起こしたのは「教え子を再び戦場に送るな」という戦後教育界の合言葉だった。そして、教育をめぐっては、実は日本学術会議会員の任命拒否問題が発覚するずっと前から政治による介入が行われてきた。その象徴が2006年の第一次安倍政権のもとで行われた教育基本法の改定だった。

「ここに、日本国憲法の精神に則《のっと》り、教育の目的を明示して、新しい日本の教育の基本を確立するため、この法律を制定する」

高らかにそう宣言した改定前の教育基本法（以下、旧教育基本法。改定後は新教育基本法と呼ぶ）の前文が明確にしているのは、「臣民の教育」を国家支配の下に置いた教育勅語（1890年発布）からの脱却であり、民主主義という新たな時代の幕開けだった。教育は国家から施されるものではない。全ての人には自由に教育を受ける権利がある。それが旧教育基本法の理念だった。

しかし、2006年の教育基本法の改定を境に状況は一変する。旧教育基本法の第10条には、「教育は、不当な支配に服することなく、国民全体に対し直接に責任を負つて行われるべきものである」と明記されていた。

それは言い換えれば、教育における政治の責任はあくまでも教育が行われる環境を整える教育条件整備に専念することであり、「何を教えるか」などの教育内容には立ち入らないとの制約的な意味があったのだが、改定によって「国民全体に対し直接に責任を負つて」という重要な部分が削除されたのだ。大田堯は、新教育基本法では「教育への（国家による）不当な支配を排除すべきだとする、旧教育基本法の締めくくり条項（第10条）が抹殺された」[*5]と指摘し、教育基本法改定は「憲法改定への大きな布石」[*6]だと警告した。

文科官僚として国家権力と教育の関係を間近で見てきた前川喜平は、自民党内における教育基本法改定の計画は中曽根政権まで遡る、と指摘する。[*7]中曽根康弘元首相は「個人のために国家がある」のではなく、「国家のために個人がある」という自らの全体主義的な価値観を社会に浸透させる手段として、憲法との連動性が高く、憲法よりも改定しやすい教育基本法に目をつけたのだ。

では、「国家のために個人がある」と思っている人間がこの新自由主義の時代に権力を握った時、教育はどのように姿を変えるのか。私なりの答えが、冒頭に述べた言葉（104ページ）だ。子どもたちの自由な教育は、強くて豊かな国を作るための手段と見なされ、愛国主義とグローバル経済への服従を余儀なくされていくことになるのではないだろうか。

それでは、新自由主義時代の「富国強兵」教育はどのように進められていくのだろうか。

まず、2006年の教育基本法改定では、第2条に「教育の目標」として、道徳心を培うことや、伝統と文化を尊重すること、愛国心や郷土愛を養うことが新たに設けられた。そして、2011年の滋賀県大津市の中学2年生いじめ自殺事件をきっかけに、第二次安倍政権にて、道徳が評価をともなう教科に格上げされた。元々、いじめ防止のために教科化されていたはずだった道徳は、いつしか愛国教育のツールへと姿を変えていった。

その後、学術的には歴史修正主義と批判されてもおかしくない、過去の戦争加害に関する「政府の統一見解」が時の政権によって閣議決定され、教科書にもそれが反映された。2021年の高等学校日本史の教科書検定でも、朝鮮半島での「強制連行」が「動員」や「徴用」に、「従軍慰安婦」に関しては軍の関与を否定して「慰安婦」と訂正された。

2017年度ギャラクシー賞大賞を受賞したドキュメンタリー番組を書籍化した『教育と愛国—誰が教室を窒息させるのか』[*8]は、戦後初の道徳教科書検定結果をめぐり、国家権力が定義する「愛国」に教育現場や教科書会社が忖度《そんたく》する力学を描き出している。

検定では、「伝統と文化の尊重、愛国心や郷土愛」の養成という新教育基本法が打ち出した観点が多くの教科書会社を悩ませた。道徳の教科書に使われるエピソードの中で、一見何の問題もないように見える場面に「不適切」という意見が連発されたのだ。その結果、ある教科書では「パン屋さん」の場面が「和菓子屋さん」に書き換えられ、「大すき、わたしたちの町」という町探検の場面を載せていた他の教科書では、「アスレチックの遊具で遊ぶ公園」が「和楽器を売る店」に書き換えられていた。

国民として愛国心をもち、郷土を愛する——本来は祝福すべきことなのだが、この一連の件から言えるのは、国家がそれを統制することの危うさだろう。何が「愛国」や「郷土愛」と讃《たた》えられ、いったい何がそこから排除されるのだろうか。

2014年、第二次安倍政権は、教育委員会制度改革に踏み切った。教育委員の中で選任されていた「教育委員長」が廃止され、首長が任命する「教育長」に権限を集中したことで、首長の意向が教育行政に反映されやすくなったのだ。

しかし、この「改革」が、教育委員会制度の本来の理念からどれだけ逸脱していたか、多くの日本人は知らない。教育委員会は、戦前における政治の教育への不当な支配の反省に立って生まれた合議制執行機関だ。だから、市民を代表する教育委員が、それぞれの立場から議論を交わし、合議にて教育政策を決定する。教育委員会の発足当初は、教育委員は市長や議員のように、選挙で市民の投票によって選ばれていたくらいだ。政治が教育に介入できないように、あえて民主的で手間のかかるプロセスにしていたのだ。

しかし、1956年には教育委員は任命制に変えられ、さらに首長が任命する教育長に権限を集中させることで、政治が教育に介入しやすくなった。

これらのことからもわかるように、政治の教育介入の背景には、戦後教育法制度の変遷による民主主義の後退がある。しかし、だからといって憲法が改定されたわけでも、戦後日本社会の根幹を成す民主主義の理念が消えたわけでもない。

教育基本法には「不当な支配に服することなく」という最も重要な一節がまだ残っているわけだし、教育の内容はいまだに教育委員会の専権事項であって、政治が介入することがあってはならない。さらには、教育長を通して首長の意向が反映されやすくなったとはいえ、教育委員会が合議制執行機関であることに変わりはない。教育委員会は、教育長の言いなりになるのではなく、時の政権や首長による教育の「不当な支配」に対するブレーキとならなくてはならない。

日々、政治はさまざまな形で子どもの教育に介入しようとするが、それらの事例は教育基本法の存在意義とも言える一節が示す「不当な支配」に当たらないか。地元の教育委員会は、ちゃんと合議制執行機関として機能しているか。子どもたちを再び戦場に送らないため、権力を監視し、民主主義を足元から支えるのは私たち自身だ。

ハンナ・アーレント[*9]が言うように、誰しもが先祖代々引き継がれてきた古い世界に、「新しいもの」として生まれ、自分たちの世界を作り、古いものとしてそれを次世代へと引き継いでいく。いつの世も、「新しい世界」を作ることができるのは子どもたちだけだ。大人の仕事は、自分たちが引き継ぎ、作り変えてきた世界をそっくりそのまま子どもたちに教えることだ。

良いもの美しいものばかりを教えて古い世界に適応させることではない。悪《あ》しきもの醜いものも全て教えることで、彼らは生まれてきたこの古い世界が、不完全なものであること、そしてそれを作り変えるのは自分たちであることを学ぶのだ。だから、彼らの教育に願いを託すことしか、私たちにはできない。「どうか子どもたちが作る世界が、よりすばらしい世界でありますように」

3 「学力向上」という大義をまとった教育への政治介入

「どんな複雑な問題にも決まって短く、単純で、間違った答えがある」と言ったのは、アメリカの著名なジャーナリスト、H・L・メンケンだった。1980年代以降、市場原理を導入して学校や教員を競い合わせれば公教育も改革できるという、あまりにも安易な新自由主義教育「改革」が、世界規模で子どもたちの教育をダメにしてきた。

日本も例外ではない。大きな転機となったのが、2007年に43年ぶりに復活した全国学力・学習状況調査（全国学力テスト）だった。実は以前にも全国学力テストは行われていたが、地域・学校間の過度な競争を招いたことなどを理由に、1964年に中止された歴史的経緯がある。それが、2004年のいわゆる「PISA《ピザ》ショック」[*10]で高まった「ゆとり教育」への反動を機に、名前を変えて復活したのだ。

しかし、「全国学力・学習状況調査」を純粋な学力調査と見るのはナイーブで、むしろ政治が教育に介入するためのツールと見る方が正しいのではないだろうか。それも「学力向上」という大義をまとったツールだ。

もし、その名の通り、生徒たちの日頃の学力を調査することが目的ならば、地域ごとに一部の生徒を抽出して調べれば十分だ。しかし、2007年当時の第一次安倍政権は、77・2億円[*11]もかけて悉皆式での実施にこだわった。その後、民主党政権で一度は抽出式になったものの、第二次安倍政権はわざわざ悉皆式に戻すという執拗《しつよう》さを見せた。なぜか。その理由は、2014年に明らかになる。

2014年、第二次安倍政権は、全国学力テストの結果を、従来の自治体別だけでなく学校別に開示できるよう規制緩和した。全国の小学校6年生と中学校3年生が共通のテストを受け、自治体の教育委員会が容認すれば学校別の成績も開示される……。当然、知ることができるなら自分の子どもの学校の成績を知りたい、少しでも成績の良い学校を選択できるようにして欲しい、と求める保護者も出てくる。

また、教育の政治的中立性の原則から、教育問題にはなかなか手を出せずにいた政治家らも、77・2億円もの税金に対する「費用対効果」という観点から、当然のように教育現場に「結果責任」を求めることが可能になった。
こうして、日本全国の地方自治体が全国学力テストの点数競争に翻弄されるようになっていったのだ。

全国学力テストの対策として、都道府県、さらには市レベルでも模擬試験を導入する自治体が増え、2018年には、約70%の都道府県が独自の学力調査を実施し、さらには85%の政令指定都市までもが独自のテストを行うようになった。[*12]
次ページの写真は、大阪のある市立中学校の2019年度のテスト計画だ。この中学校では、学校独自で行っている1年5回の中間、期末、学年末テストの他に、大阪府独自の「チャレンジテスト」、3年生はそれに加えて大阪市統一テスト、そして年5回の実力テスト、その上この計画には書かれていない全国学力テストまである。よって、3年生は年13回もテストを受けなければならない計算になる。
再任用で今も働く退職教員は、現在の異常な状況をこんな風に表現した。

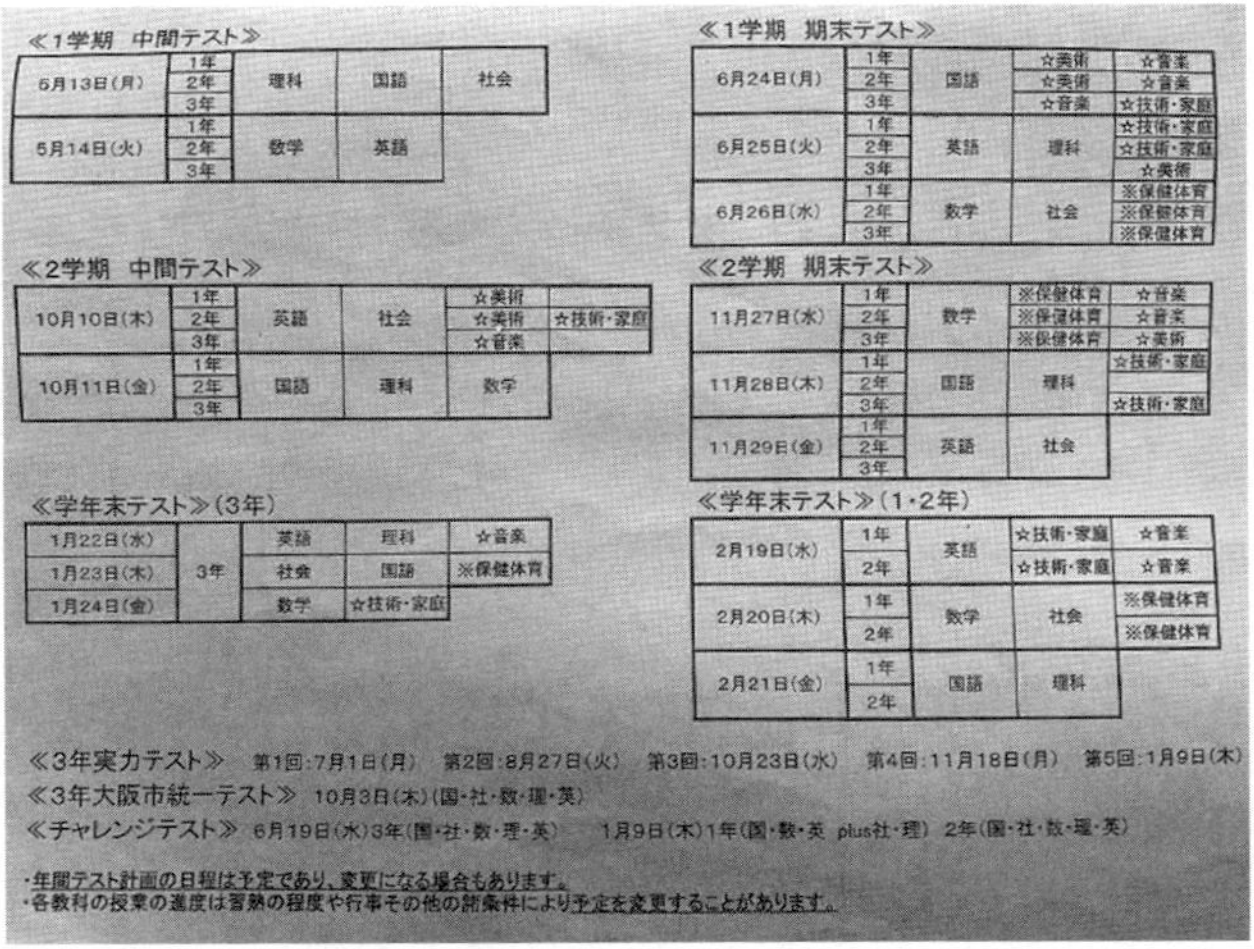

≪1学期　中間テスト≫

5月13日(月)	1年・2年・3年	理科	国語	社会
5月14日(火)	1年・2年・3年	数学	英語	

≪1学期　期末テスト≫

6月24日(月)	1年	国語	☆美術	☆音楽
	2年		☆美術	☆音楽
	3年		☆音楽	☆技術・家庭
6月25日(火)	1年	英語	理科	☆技術・家庭
	2年			☆技術・家庭
	3年			☆美術
6月26日(水)	1年	数学	社会	※保健体育
	2年			※保健体育
	3年			※保健体育

≪2学期　中間テスト≫

10月10日(木)	1年	英語	社会	☆美術	
	2年			☆美術	☆技術・家庭
	3年			☆音楽	
10月11日(金)	1年・2年・3年	国語	理科	数学	

≪2学期　期末テスト≫

11月27日(水)	1年	数学	※保健体育	☆音楽
	2年		※保健体育	☆音楽
	3年		※保健体育	☆美術
11月28日(木)	1年	国語	理科	☆技術・家庭
	2年			
	3年			☆技術・家庭
11月29日(金)	1年・2年・3年	英語	社会	

≪学年末テスト≫(3年)

1月22日(水)	3年	英語	理科	☆音楽
1月23日(木)		社会	国語	※保健体育
1月24日(金)		数学	☆技術・家庭	

≪学年末テスト≫(1・2年)

2月19日(水)	1年	英語	☆技術・家庭	☆音楽
	2年		☆技術・家庭	☆音楽
2月20日(木)	1年	数学	社会	※保健体育
	2年			※保健体育
2月21日(金)	1年・2年	国語	理科	

≪3年実力テスト≫　第1回:7月1日(月)　第2回:8月27日(火)　第3回:10月23日(水)　第4回:11月18日(月)　第5回:1月9日(木)

≪3年大阪市統一テスト≫　10月3日(木)(国・社・数・理・英)

≪チャレンジテスト≫　6月19日(水)3年(国・社・数・理・英)　1月9日(木)1年(国・数・英 plus社・理)　2年(国・社・数・理・英)

・年間テスト計画の日程は予定であり、変更になる場合もあります。
・各教科の授業の進度は習熟の程度や行事その他の諸条件により予定を変更することがあります。

大阪のある市立中学校の2019年度のテスト計画

「昔、教員は、全国一斉学力テストの直前に学校で行う試験対策を『ドーピング』と揶揄したものだが、今はまるで『シャブ漬け』状態だ」

自治体が独自で導入する模擬試験、生徒たちの成績を蓄積・分析するデータシステムの構築、テスト対策に使用される学習ドリル……。深刻な教員不足で、教科担任が来ない学級が全国いたるところに存在するにもかかわらず、毎年莫大《ばくだい》な教育予算が民間企業に流れている状況を私たちはどのように理解したらよいのだろうか。

無駄なのはお金だけではない。いったいどれだけの貴重な授業時間がテストに浪費されているのだろうか。実際のテストに使われる授業時間はもちろんだが、テスト直前になると学校は対策に追われる。また、夏休みなどの長期休暇を短縮して補習を行う学校や、全国学力テスト直前の春休みに大量の宿題を課す学校も少なくない。

ちなみに、大阪府では府が独自に取り入れた「チャレンジテスト」という学力テストを行っているが、そのテストでは生徒個人だけでなく個々の中学校の偏差値までもが算出され、生徒たちが高校を受験する際の内申点に影響を及ぼす仕組みになっている。

つまり、偏差値の高い中学校の「3」という評価と、偏差値の低い中学校の「3」とでは異なる価値として計算されるのだ。だからチャレンジテストでは、一部の生徒が優秀でも成績の悪い生徒が多ければ、3年生全体の受験に悪影響が出てしまう。チャレンジテストが「団体戦」と呼ばれる所以《ゆえん》である。

2016年に広島で行われた教育シンポジウム[*13]では、大阪の教員が紹介したエピソードが会場をどよめかせた。チャレンジテスト前日、成績の悪い生徒が、「明日は学校を休もうかな」と言ったら、それを聞いた周りの生徒たちから拍手が起きたというのだ。なんというグロテスクな環境に子どもたちは閉じ込められているのだろうか。

2017年、私は秋田県に講演に招かれた。秋田といえば、全国学力テストが復活した2007年以降、何年もの間「学力ナンバーワン」と言われ続けてきたところだ。その秋田の教員たちから、行き過ぎの学テ対策に疑問の声が上がっており、『崩壊するアメリカの公教育』について話を聞かせて欲しいということだった。

聞けば、秋田県では2007年当初から、全国学力テストが終了次第、文科省に送り返す前に各学校で全答案をコピー、自主採点し、結果が公表される前から翌年に向けて対策してきたのだという。秋田県教職員組合が実施したアンケートからは、テストに翻弄され、負担感に苛《さいな》まれる教員の声が聞こえてくる。

「常にトップを要求され続ける怖さがある」
「1位を死守するために年々厳しい取り組みを求められる」
「事前の取り組みが負担。是が非でも成績を上げないといけないという雰囲気を感じる」[*14]

秋田の次に「学力ナンバーワン」の座についた福井県では、2017年3月に起きた県内の中2男子自殺事件を受けて、県議会が「『学力日本一』を維持することが本県全域において教育現場に無言のプレッシャーを与え、教員、生徒双方のストレスの要因となっている」と、「福井県の教育行政の根本的見直しを求める意見書」を採択するという異例の事態となった。

福井の次に「学力ナンバーワン」のタイトルを得た石川県でも、行き過ぎた事前対策の状況は変わらなかった。石川県教職員組合の谷内直執行委員長は、県教委から教育現場への是正の勧告があったにもかかわらず、全体の4割を超える学校が従来通り、過去問を解くなどの対策を講じていたことに驚いている。

「普通、県の教育委員会が(対策を)しないように言ったらゼロになるはずですよ。それがならないというところに根の深さというか問題の大きさを痛感している」*15

また、県教職員組合による実態調査で記録された、「1年間、学力調査のために仕事をしている印象」という教員の声は、全国学力テストに振り回される教育現場の姿を露呈している。

先にも述べたが、もし全国学力テストがその名の通り「調査」なら、毎年数十億円もの税金をかけて悉皆式で行う必要はない。抽出式で十分精度の高い調査はできる。それどころか、幅広い成績開示を前提に悉皆式で行えば、逆に正確なデータは取れないとさえ言われている。日々の授業による生徒たちの学力の定着度を測るための調査なのに、授業を潰して入念なテスト対策を行えば、テストのための授業となり本末転倒であるし、生徒たちの日頃の学力など測れなくなる。そして何よりも、テストやテスト対策に明け暮れるなら、「学校」と「塾」との違いがわからなくなってしまう。

全国学力テストが全員参加方式で再開されたのが2013年。その年を境に、子どものいじめ、不登校、校内暴力、そして自殺は増加傾向にあるのだが[*16]、それは単なる偶然なのだろうか。それを懸念するように、国連子どもの権利委員会は、2019年に発表した日本政府に対する意見書で、「生命、生存および発達に対する権利」に関して、次のように日本政府に勧告している。

子どもが、社会の競争的性質によって子ども時代および発達を害されることなく子ども時代を享受できることを確保するための措置をとること。[*17]

不登校や子どもの自殺に歯止めがかからない中、政府に求められているのは、早急に子どものストレス要因を取り除く努力なのではないだろうか。

（WEBRONZA ２０１８年11月25日からの抜粋）

4　日本の公教育の崩壊が大阪から始まる

教育を専門としない政治家らが、全国学力テストという教育に介入するツールを得たことで、「どうしたらより良い教育を全ての子どもたちに与えることができるか」という公教育の複雑な問題に対して、短く、単純で、間違った答えが教育行政に一気に流れ込むようになった。

都市部では、行政が各学校に「結果責任」を求め、各学校が自らの生存をかけて生徒を奪い合う「市場型」学校選択制を始める自治体も登場した[*18]（次ページ写真）。

２０１９年、大阪市は、国家戦略特区制度を活用し、全国初となる「公設民営学校」（税金で賄われ、運営は民間に委託される公立学校）、いわゆるチャータースクールも誕生した（１２４ページ写真）。

大阪府は、全国でも公立学校の統廃合を最も激しく進めてきた地域の一つだ。生徒が少

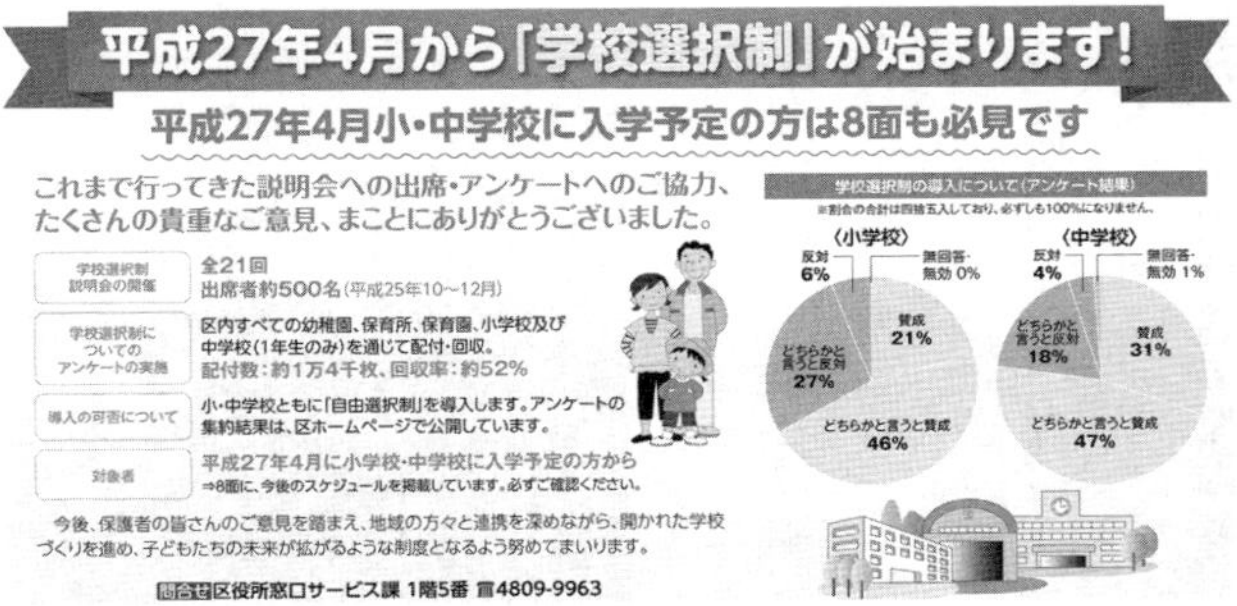
平成27年4月から「学校選択制」が始まります!

平成27年4月小・中学校に入学予定の方は8面も必見です

これまで行ってきた説明会への出席・アンケートへのご協力、たくさんの貴重なご意見、まことにありがとうございました。

学校選択制説明会の開催	全21回 出席者約500名(平成25年10~12月)
学校選択制についてのアンケートの実施	区内すべての幼稚園、保育所、保育園、小学校及び中学校(1年生のみ)を通じて配付・回収。 配付数:約1万4千枚、回収率:約52%
導入の可否について	小・中学校ともに「自由選択制」を導入します。アンケートの集約結果は、区ホームページで公開しています。
対象者	平成27年4月に小学校・中学校に入学予定の方から ⇒8面に、今後のスケジュールを掲載しています。必ずご確認ください。

今後、保護者の皆さんのご意見を踏まえ、地域の方々と連携を深めながら、開かれた学校づくりを進め、子どもたちの未来が拡がるような制度となるよう努めてまいります。

問合せ 区役所窓口サービス課 1階5番 ☎4809-9963

「広報ひがしよどがわ」2014年5月号より

ない学校はどんどん潰す一方で、税金を用いてエリート中高一貫校を創設する。その意味で、大阪府立水都《すいと》国際中学校・高等学校[*19]に見られるのは、教育予算の「選択と集中」であり、結果的に義務教育における公教育の市場化を加速させ、公教育民営化の突破口の役割を果たしている。

こうして、全国学力テストの点数を「通貨」とする公教育の市場化の歯車が一気に回り始めた。「学力向上」の名の下に教育の数値化と標準化を行うことで、国家が全国の学校を遠隔評価し、監視、競争させる新自由主義的な教育統制が構築されていったのだ。

規制緩和によって学校別の成績開示が可能になったことで点数競争が加速し、政治家が教育委員会に、教育委員会が校長に、校長が教員に、そして教員が生徒に圧力をかけるという歪んだ結果責任の構造が生まれ

大阪府立水都国際中学校・高等学校ホームページより

た。その象徴とも言える政策が、2018年に大阪で提案された。吉村洋文《ひろふみ》大阪市長（現大阪府知事）が、2019年度以降の全国学力テストの結果を、校長や教員の人事評価やボーナス、そして学校予算に反映させるという、いわゆる「メリットペイ制度」（能力給制度）の導入を打ち出したのだ。

　子どもの学力を伸ばしたい。頑張っている教員をきちんと評価して欲しい。そんな思いは誰にでもあるだろうし、教育関係者ならばなおさらだろう。だからといって、教育をビジネスのように考え、教員を競争させれば、そしてインセンティブを与えればテストの点数が上がる、というのはあまりにも安易で、間違った答えだ。

　学校におけるメリットペイ制度の根底には、検証されるべきいくつもの想定がある。①生徒の学力低迷の原因は、教員のやる気やインセンティブの欠如にある。②つまりは、教員は生徒の点数を伸ばすノウハウをすでに持っているが、やる気がないからそれをフルに活用していない。③教員にやる気を与えるのは、生徒の成長であったり仕事に対するやりがいであったりする「内的報酬」ではなく、ボーナスなどの「外的報酬」である。[*20]

もちろん、これらの想定はどれも間違っている。

アメリカの教育現場にメリットペイ制度が導入され始めたのは1980年代であり、今から半世紀近くも前のことだ。その後、弊害が次々に露呈し、新自由主義教育「改革」の中では化石のように古びた印象さえある。だから大阪市の多くの教育関係者たちは、そのような制度を市はなぜ今になって導入しようとしたのか、と首をかしげていた。

教育関係者が疑問に思うのも無理はない。そこには教育学の知見に基づいた深い理由などないのだから。端的に言えば、教育の素人である新自由主義者の政治家らが、専門外である教育への介入を強め、公教育も市場化と民営化によって「改革」できるという単純で間違った答えにたどり着いただけのことだ。

新自由主義社会では、政府は電気、保険、鉄道、郵政など、公共として行っていた事業を民営化し、「市場」に委ねる。政府はその市場を管理し、まだ民営化されていない領域には新たな市場を作り出す役割を担う。だから水道に続き、公教育という新たな市場を開拓しようとしたのも、新自由主義の教科書通りのシナリオなのだ。

２０１８年、当時の吉村大阪市長が学校におけるメリットペイ制度の導入を提案した時に、公教育の完全なる市場化と民営化を実現するのに不足していたものは何であったか。それは、全ての学校、校長、そして教員が、自らの生存をかけて、子どもの成績の結果を競い合う体制だった。

学力テストが単なる調査で終わってしまうと、市場化は完成しない。評価に結果責任を組み合わせることで、初めて市場が動き出す。つまり、全国学力テストを教員評価に連動させることには、教育現場に結果責任を問うための根拠作りとしての一面があったのだ。

新自由主義の分析と批判の先駆者でもあるデヴィッド・ハーヴェイは、次のように言っている。

新自由主義は、人間が行う全ての行動を市場の領域に持ち込もうとする。そのために、グローバル市場におけるさまざまな決定を導く情報創出のテクノロジーとデータベースを必要とするのだ。[*21]

つまり、教育という事業の効率と効果を証拠として残すためのメカニズムの構築が公教育の市場化には不可欠であり、そのためには生徒の学力だけでなく教員の教える能力さえも「パフォーマンス」として数値化する必要があったのだ。

新自由主義教育「改革」によって荒廃し切ったアメリカ公教育の惨状を前にした、元アメリカ教育指導カリキュラム開発連盟会長のアーサー・コスタの嘆きを思い出す。

「教育的に大事で測るのが困難だったものは、教育的に大事ではないが測定しやすいものと置き換えられてしまった。だから今、我々は、学ぶ価値のないものをどれだけ上手に教えたかを測定しているのだ」

5　1%の「勝ち組」目指して99%が競争する社会

「アメとムチ」の政策であるメリットペイ制度に対して各方面から批判が噴出すると、大阪市の吉村市長は「子供達の学力向上の努力をし、結果を出す教員が高く評価されるのは当然だ[*22]」とアメの側面を強調してきた。

しかし、そもそも事の発端が、全国学力テストで大阪市が政令指定都市中2年連続最下位だったことに対する市長の怒りだったことを考えれば、それはあくまでも建前に過ぎないだろう。

いったんムチの側面に光を当てれば、このメリットペイ制度が、教員の身分保障の脆弱《ぜいじゃく》化を加速させるツールとなる危険性を孕《はら》むことがわかる。終身雇用資格の剝奪や正規公務員から非正規契約雇用への切り替えなど、教員の身分保障の脆弱化はもはや世界的な傾向となっている。[*23]

一つ理解しておきたいのは、市場化を目指す新自由主義政府にとって、教員など公務員の安定した雇用形態およびそれを守る組合は邪魔な存在だということだ。新自由主義は、不安定性を肥やしにする。新自由主義的に言えば、1%の「勝ち組」を目指して99%の人間が生存競争をするのが理想的な社会のあり方なのだ。

その意味では、「頑張っている」教員や校長へのボーナス支給を「エサ」にして導入されたメリットペイ制度が、政府に教育現場に対する管理の強化をもたらし、「結果」を出していない教員や校長を「正当に」解雇し、最終的に教員組合の解体へと突き進んでいくことは大いに考えられる。

そうなれば教員の序列化は正当化され、公教育の枠組みの中で「アタリ」と「ハズレ」

が生まれ、「公」の概念そのものが崩壊を起こす。そして皮肉なことに、「結果が全て」のテスト教育体制の中で、教員が目先の結果、つまり生徒のテストの点数を上げようと頑張れば頑張るほど、教員は自らの専門性を失い、「使い捨て労働者」になっていくのだ。「どんな複雑な問題にも決まって短く、単純で、間違った答えがある」
公教育に市場原理を持ち込めば諸問題が解決するというのは、まさに「短く、単純で、間違った答え」だった。

大阪市のメリットペイ政策に対しては、四方八方から反対意見が噴出した。中には、教育現場におけるメリットペイ制度には効果がない、という批判も多く見られた。しかし、この制度は「効果がない」のではない。むしろ「危険」なのだ。

アメリカを代表する知識人であるマサチューセッツ工科大学（MIT）のノーム・チョムスキー博士は、「民衆を受け身で従順にしておく賢い方法は、議論の枠組みを厳しく制限し、その枠組みの中で活発な議論を奨励することだ」と指摘する。まさに今日、日本全国の地方自治体や学校が、文部科学省によって作られた枠組みの中で、受け身に、従順に、どうやったら全国学力テストの点数を上げられるかという議論を実に活発に交わしている。

しかし、そもそも何をもって「学力」と呼ぶのかはほとんど議論されていない。これこそが私たちが囚われている「議論の枠組み」だ。

いったん立ち止まって、全国学力テストの定義する「学力」とは何かを問い直したい。それは国語と算数（理科は3年に一度）のペーパーテストの点数ということになる。全国学力テストの結果が出るたびに、一喜一憂する各都道府県の姿が浮き彫りになるが、たった2教科の点数で学校や生徒を評価してよいのか。私たちが真に問うべきはこの貧弱な「学力」観そのものではないか。

「プロの仕事は素人にはわからないから『プロ』なんだ」

私の恩師はそう言い切る。この言葉が物語っているのは、プロの仕事を素人でも誰でも簡単に評価できるように数値化してしまうことの愚かさだろう。数値化の過程で、経験に裏づけられたプロの直感や技は跡形なく削ぎ落とされてしまうのだから。

結果責任……。このパラダイムの外には、どのような光景が広がっているのだろうか。フィンランドの教育庁長官などを歴任したパシ・サールベルク教授（教育政策）のこんな言葉が思い出される。

「私たちがどうやって教員を評価しているかですか？　話もしませんよ。そんなことは私たちの国では関係ないのです。その代わりに、私たちは『どのように彼らをサポートできるか』を議論しますよ」。現場を信じて任せる……。教育現場に結果責任を求めるのではなく、政治に教育現場への投資責任を求める、という全く別のパラダイムがそこにはある。

子どもの学力を育てたい、頑張っている教員をちゃんと評価して欲しいという気持ちは、教育関係者であればなおさら強い。しかし、実際には個性豊かな子どもたちと日々かかわり、数値だけでは測れない子どもの多様な知性を知っている教育関係者だからこそ、たった数教科のペーパーテストの点数に基づく安易な学力観に対する懸念も強いのだ。そんな基準で教員を評価してよいわけがないとの反論が出るのは当然ではないだろうか。

ハーバード大学の発達心理学者、ハワード・ガードナーが多重知能理論によって「知能」の多様性を指摘したのは40年も前のことだ。それによれば、人間の知能は、言語的知能、論理・数学的知能、空間的知能、音楽的知能、身体運動的知能、対人的知能、内省的知能、博物学的知能と、少なくとも八つに分類できる（次ページ図）。

そのように多様性に富んだ子どもたちの知能を、たった数教科のペーパーテストで測ろうとするのはあまりにもお粗末だ。

この制度に反対する教員や教員組合が本当に守ろうとしたのは、自分たちの首などではない。極端に狭く偏った土俵での勝負を強いられる子どもたちだ。

だからこそ、「メリットペイ制度には効果がない」という批判そのものが危険なのだ。それは、提示された貧弱な学力観に基づいた議論の枠組みを受け入れることであり、「効果がない」と言った途端に「じゃあどうやって子どもたちの成績を上げるんだ？　教員にはどうやって責任を負わせるのか？」と対案を求められ、仕組まれた議論の呪縛に自らはまっていくことになる。

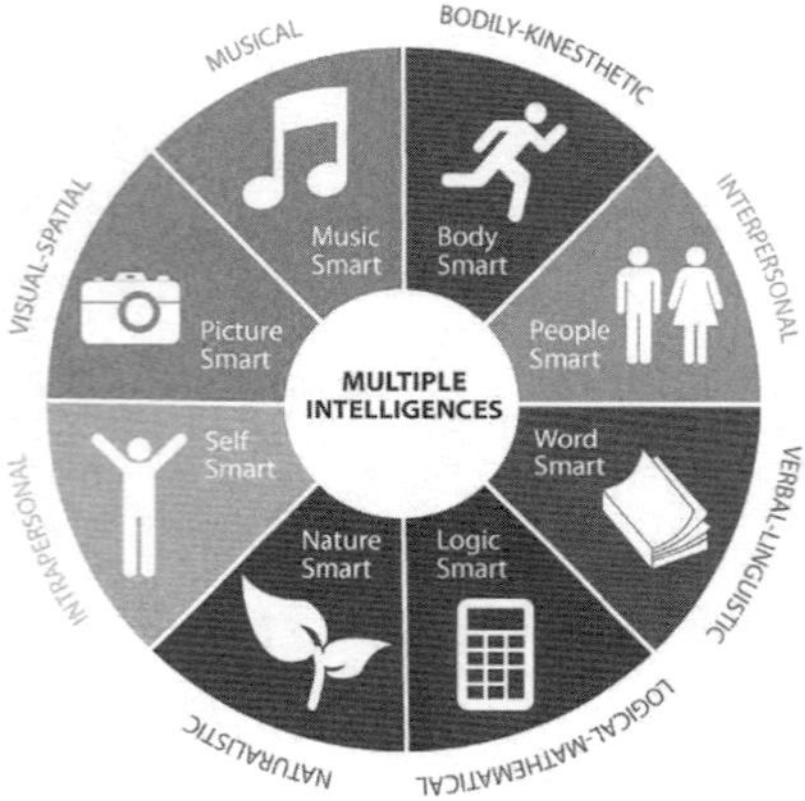

ハワード・ガードナーの多重知能理論

6　貧困地域は非常勤講師、裕福な地域は熟練教師

学校におけるメリットペイ制度は、教育現場に対して学力標準テストに基づく結果責任を追求するものであり、この制度の導入は学校そして教員のあり方を根本的に変えてしまう。

もし市長に、何が何でも学力テストの点数を上げろと言われたら、学校はテスト対策に集中せざるを得なくなる。そうなれば、学校にとってテスト対象外の教科は二の次となり、部活動、委員会活動、運動会や合唱コンクール、そして修学旅行のような行事など、従来大切にされてきた教育活動は犠牲になり、学校がしだいに「塾化」していくことは、すでに同様の道をたどったアメリカの例で示した通りだ。

メリットペイ制度の導入などによって結果責任の支配が拡大するにつれ、数多くのベテラン教師が、裕福な郊外の学校へと逃げていった。教育的ニーズが高く、テストで点数を取れない貧困地区の子どもたちを教えることが、教員にとってのリスクとなったのだ。

両親とも教養が高く教育熱心な地域では、テスト対策をしなくても生徒たちがある程度点数を取れるため、裕福な地域ほどテストを気にせずに、文武両道ののびのびとした全人教育を与えられる反面、都市部の貧困な地域になればなるほど、何とかして子どもたちの点数を上げようと、テスト対策に明け暮れるようになった。

そして、ベテラン教師の多くが郊外へと流れてしまった結果、最も教育的ニーズの高い貧困地区の子どもを、最も知識も経験も浅い新米教員たちが教えるという、なんとも不幸な状況が生まれた。

このようなアメリカにおける企業型教育改革からは、二つの皮肉な結果が見えてくる。一つは、教育的ニーズの高い貧困地域になればなるほど、テスト対策重視でＡＩと非常勤講師を駆使した格安の「負け組」教育が拡大する一方、元々、点数の取れる裕福な地域になればなるほど、高い指導力を持つ熟練した教師による批判的思考を育む教育や、感性や想像力を養う全人教育など、グローバルエリートを育てるための「勝ち組」教育が行われていったことだ。

もう一つは、教員が学力標準テストと結果責任の枠組みの中で結果を出そうとすればするほど、教員は専門性を失って「使い捨て労働者」と化し、しまいには教員そのものがいらなくなっていくという事態を招いたのである。

私たちは、学校にどのような場所であることを望むのか。そして、学校の教員にはどういう存在であって欲しいのか――。

以前、ノーベル医学・生理学賞を受賞した京都大学の本庶佑《ほんじょたすく》が、研究者を志す若者に向けて興味深いメッセージを送っていた。まずは「不思議だな」と思う心を大切にすること。そして「常識」を疑うこと。教科書を盲目に信じないこと。自分の目で確かめ、頭で考え、納得できるまであきらめないこと。好奇心、探究心、そして問い続ける力の大切さ……。一生を真理の探究に捧《ささ》げてきたからこそ言える、学者らしい言葉だった。

ふと思う。このような視点から、学校を見つめ直せないものだろうか。子どもの問いに教師が寄り添い、彼らの好奇心を育む場として学校をとらえることはできないだろうか。知識を詰め込む前に、子どもたちが、学び方そのものを学べる場所。受験の存在を強く意識する性格上、塾が「正解」にこだわるのなら、学校は「問い」にこだわればよい。

子どもと教師が、好奇心のままに知的探求に浸れたら、どんなにすてきだろうか。学校にはそんな贅沢な学びと成長の場であって欲しいと、私は願う。

7　声を上げた彼を、決して一人にしてはいけない

2021年5月17日、一通の提言書が大阪市の松井一郎市長（当時）に郵送された。

「このまま何も言わずに終わっては、今までかかわってきた子どもたちに申し訳ない」という想いで書いたという怒りの提言書の執筆者は、久保敬《たかし》。大阪市立木川南《きかわみなみ》小学校の校長先生だ。私も以前、大阪市に講演で招かれた際にお会いしたことがある。

「子どもたちが豊かな未来を幸せに生きていくために、公教育はどうあるべきか真剣に考える時が来ている」という一文から始まるその提言書には、大阪市の教育現場で起きていることに対する重大な懸念が綴《つづ》られている。

教育の数値化はどんどん進み、子どもたちはテストの厳しい点数競争で選別され、学校はグローバル経済を支える人材「工場」と化している……。「グローバル化により激変する予測困難な社会を生き抜く力をつけなければならないと言うが、そんな社会自体が間違っているのではないのか」、そして「今、価値の転換を図らなければ、教育の世界に未来はないのではないか」と切実に訴える。

それはどんな価値観の転換なのだろうか。「生き抜く」世の中から「生き合う」世の中への転換だ、と久保先生は言う。

「そうでなければ、このコロナ禍にも、地球温暖化にも対応することができないにちがいない。世界の人々が連帯して、この地球規模の危機を乗り越えるために必要な力は、学力経年調査の平均点を1点あげることとは無関係である。全市共通目標が、いかに虚《むな》しく、わたしたちの教育への情熱を萎えさせるものか、想像していただきたい」

提言書を読んだ私は、すぐに久保先生に連絡を取り、話をうかがった。久保先生は37年間、教員として勤めてきて、翌22年3月に定年退職を迎えられるとのことだった。なぜ翌年の3月まで待てなかったのだろうか。そんな質問を彼にぶつけると、「退職してからでは遅かったんです」という答えが返ってきた。背景には、子どもたちを前にまっすぐであり続けたいという彼の想いがあった。

ある雑誌のインタビューで、彼はこう言っている。

「この10年ほどの間に政治が教育に介入して、大阪の教育は大きく変わっていった。首長が教育委員会の頭越しに教育に介入し、学力テストで子どもたちを競争させ、その結果により学校間の競争、また校長や教員の評価まで行おうとしました。

希望の見えない現場で、憤りや怒りはあきらめに変わり、日々の業務に追われる中で、言われるがままにすることが、目の前の教職員、子どもたちを守ることになると逃げてしまう自分がいました。『いつか政治が変わったら、いつか時代が変わったら……』と。

でも、10年経っても変わらない。学力テストの1点、2点を気にするような現場ではダメなんですよ。このまま黙っていていいのか、こんなことで、子どもたちに顔向けができるのか、という思いが強くなっていました。おかしいことをおかしいと言わずに黙ってしまうことは、基本的人権を手放すことにつながってしまう。だから、考えずにやり過ごそうとしてきた自分への憤りなんです。『思ったことを言おう』と[*24]」

「校長なのに」と批判されるかもしれないが、「校長だからこそ」声を上げなくてはと思った。そして、これから校長になる人たちにも伝えたかった。思考停止に陥るな、と。トップにモノ申すなら匿名で言ったってダメだ。別に法を犯しているわけではないし、いざ出してみると、逆に何で今までできなかったのか、と不思議にすら思えたそうだ。

あの「提言書」は、どちらかと言えば自分自身にとっての「決意表明」だった、と久保先生は言う。そして、それはちゃんと保護者にも伝わっていた。5年生のある保護者はこんなことを久保先生への手紙で綴ってきた。

「お名前や役職を公表して意見を述べられたことは、子どもたちに、正々堂々とおかしいことはおかしいと、声をあげてもよいと、子どもたちに、行動で見せて、大切な事を教えて下さいました。この木川南小学校で我が子が学べることに感謝し、誇りに思います」

彼は言った。これまでも、自分では「違うな」と思いながらも行政から言われた通りやってきたし、いつの間にか流されている自分がいた。

これらの言葉からは、久保先生がいかに追いつめられていたかが読み取れる。それだけの勇気と覚悟がいる行動だったということだ。逆に言えば、当たり前のことも当たり前に批判できない雰囲気があるということだ。教育現場がどれだけ抑圧されているかがよくわかる。

しかし、よく考えてみれば、一校長が教育長ではなく自治体の首長に対して教育政策の苦言を呈さねばならなかったこと自体がそもそもおかしい。これまでいかに市長が、教育基本法で定められている教育行政の、一般行政からの独立性を侵害してきたかを物語っている。

提言書には、子どもの幸せな成長や人権を大切にしない政治に対する憤りや、増え続ける児童虐待、不登校、いじめ、若者の自殺などに表れる子どもたちが抱える生きづらさに対する懸念だけでなく、子どもや教師という仕事に対する強い愛情と、願いが綴られている。

「子どもたちと一緒に学んだり、遊んだりする時間を楽しみたい。子どもたちに直接かかわる仕事がしたいのだ。子どもたちに働きかけた結果は、数値による効果検証などではなく、子どもの反応として、直接肌で感じたいのだ。1点・2点を追い求めるのではなく、子どもたちの5年先、10年先を見据えて、今という時間を共に過ごしたいのだ」

ネットなどを介して、共感の輪は確実に広がった。それも大阪だけでなく、全国に。きっと各地で似たような状況があるのだろう。共感の輪は、教員だけでなく保護者にも広がっており、教育者が子どものために声を上げれば、保護者もついてくるのだと私たちに教えてくれる。

その状況は、子どもたちの教育的正義を求めて闘ってきた教職員を保護者らが支えた、2012年のシカゴ教職員組合スト[*25]を彷彿させる。シカゴ教職員組合ストの支持拡大の裏には、それまでバラバラだった保護者を組織した背景がある。成績低迷で廃校の危機にあった学校におもむき、保護者を集めて抵抗のしかたを教え、子どもたちのためにともに闘うという取り組みをシカゴ各地で展開したのだ。私たちの子どもたちのために声を上げた彼を、決して一人にしてはいけない。

＊

大阪市長　松井一郎　様

大阪市教育行政への提言

豊かな学校文化を取り戻し、学び合う学校にするために

子どもたちが豊かな未来を幸せに生きていくために、公教育はどうあるべきか真剣に考える時が来ている。

学校は、グローバル経済を支える人材という「商品」を作り出す工場と化している。そこでは、子どもたちは、テストの点によって選別される「競争」に晒《さら》される。そして、教職員は、子どもの成長にかかわる教育の本質に根ざした働きができず、喜びのない何のためかわからないような仕事に追われ、疲弊していく。さらには、やりがいや使命感を奪わ

れ、働くことへの意欲さえ失いつつある。

今、価値の転換を図らなければ、教育の世界に未来はないのではないかとの思いが胸をよぎる。持続可能な学校にするために、本当に大切なことだけを行う必要がある。特別な事業は要らない。学校の規模や状況に応じて均等に予算と人を分配すればよい。特別なことをやめれば、評価のための評価や、効果検証のための報告書やアンケートも必要なくなるはずだ。全国学力・学習状況調査も学力経年調査も、その結果を分析した膨大な資料も要らない。それぞれの子どもたちが自ら「学び」に向かうためにどのような支援をすればいいかは、毎日、一緒に学習していればわかる話である。

現在の「運営に関する計画」も、学校協議会も手続き的なことに時間と労力がかかるばかりで、学校教育をよりよくしていくために、大きな効果をもたらすものではない。地域や保護者と共に教育を進めていく、もっとよりよい形があるはずだ。目標管理シートによる人事評価制度も、教職員のやる気を喚起し、教育を活性化するものとしては機能していない。

また、コロナ禍により前倒しになったＧＩＧＡスクール構想に伴う一人一台端末の配備についても、通信環境の整備等十分に練られることないまま場当たり的な計画で進められており、学校現場では今後の進展に危惧していた。３回目の緊急事態宣言発出に伴って、大阪市長が全小中学校でオンライン授業を行うとしたことを発端に、そのお粗末な状況が露呈したわけだが、その結果、学校現場は混乱を極め、何より保護者や児童生徒に大きな負担がかかっている。結局、子どもの安全・安心も学ぶ権利もどちらも保障されない状況をつくり出していることに、胸をかきむしられる思いである。

つまり、本当に子どもの幸せな成長を願って、子どもの人権を尊重し「最善の利益」を考えた社会ではないことが、コロナ禍になってはっきりと可視化されてきたと言えるのではないだろうか。社会の課題のしわ寄せが、どんどん子どもや学校に襲いかかっている。虐待も不登校もいじめも増えるばかりである。10代の自殺も増えており、コロナ禍の現在、中高生の女子の自殺は急増している。これほどまでに、子どもたちを生《い》き辛《づら》くさせているものは、何であるのか。私たち大人は、そのことに真剣に向き合わなければならない。グローバル化により激変する予測困難な社会を生き抜く力をつけなければならないと言うが、そんな社会自体が間違っているのではないのか。過度な競争を強いて、競争に打ち勝った者だけが「がんばった人間」として評価される、そんな理不尽な社会であっていいのか。誰もが幸せに生きる権利を持っており、社会は自由で公正・公平でなければならないはずだ。

「生き抜く」世の中ではなく、「生き合う」世の中でなくてはならない。そうでなければ、このコロナ禍にも、地球温暖化にも対応することができないにちがいない。世界の人々が連帯して、この地球規模の危機を乗り越えるために必要な力は、学力経年調査の平均点を1点あげることとは無関係である。全市共通目標が、いかに虚しく、わたしたちの教育への情熱を萎えさせるものか、想像していただきたい。

子どもたちと一緒に学んだり、遊んだりする時間を楽しみたい。子どもたちに直接かかわる仕事がしたいのだ。子どもたちに働きかけた結果は、数値による効果検証などではなく、子どもの反応として、直接肌で感じたいのだ。1点・2点を追い求めるのではなく、子どもたちの5年先、10年先を見据えて、今という時間を共に過ごしたいのだ。テストの点数というエビデンスはそれほど正しいものなのか。

あらゆるものを数値化して評価することで、人と人との信頼や信用をズタズタにし、温かなつながりを奪っただけではないのか。

間違いなく、教職員、学校は疲弊しているし、教育の質は低下している。誰もそんなことを望んではいないはずだ。誰もが一生懸命働き、人の役に立って、幸せな人生を送りたいと願っている。その当たり前の願いを育み、自己実現できるよう支援していくのが学校でなければならない。

「競争」ではなく「協働」の社会でなければ、持続可能な社会にはならない。

コロナ禍の今、本当に子どもたちの安心・安全と学びをどのように保障していくかは、難しい問題である。オンライン学習などＩＣＴ機器を使った学習も教育の手段としては有効なものであるだろう。しかし、それが子どもの「いのち」（人権）に光が当たっていなければ、結局は子どもたちをさらに追い詰め、苦しめることになるのではないだろうか。今回のオンライン授業に関する現場の混乱は、大人の都合による勝手な判断によるものである。

根本的な教育の在り方、いや政治や社会の在り方を見直し、子どもたちの未来に明るい光を見出したいと切に願うものである。これは、子どもの問題ではなく、まさしく大人の問題であり、政治的権力を持つ立場にある人にはその大きな責任が課せられているのではないだろうか。

令和3（2021）年5月17日
大阪市立木川南小学校
校　長　久保　敬

8　日本の公教育の再生を、大阪から始めよう

（『クレスコ』２０２１年10月号からの抜粋）

教育委員会はどこを向いて仕事をしているのだろうか。そして、何のための教育委員会なのだろうか。

久保校長の怒りの提言書がＳＮＳ上で爆発的に拡散されたことによって、記者会見で対応せざるを得なくなった松井市長だが、彼の発した言葉に私はあきれた。

「ルールに従えないなら、組織を出るべき」

いや、ルールに従わなかったのは、久保校長ではなく松井市長の方だ。そもそも感染症予防の対処を定めるなどの学校の管理権限は教育委員会にある（学校保健安全法第20条）。自治体の首長にその権限はない。さらに、教育委員会制度は本来、教育が戦争に加担させられた反省に立って作られたもので、教育委員会は政治介入からの独立性を保障された合議制執行機関だ。それをすっ飛ばして市長が大阪市の学校対応を記者会見で突如発表したのは、明らかな法律違反だ。

実際に、松井市長が「小中学校は原則オンライン授業」と発表したのは２０２１年４月

19日。しかし、大阪市教育委員会の会議日程を見ればわかるように、4月に教育委員会は開催されていない。5月11日に開かれた教育委員会の議事録でようやく「新型コロナウイルス感染症予防に関する対応」という項目が登場するが、これは「議案」ではなく単なる「報告」だった。

つまり、教育委員が地域の実情を踏まえて議論を重ねた上で合議に至ったものではなく、上から降りてきた決定事項が単に伝達されただけだ。「ルールに従えないなら、組織を出るべき」。その言葉を松井市長にそっくりそのままお返ししたい。

提言書から3ヶ月後の2021年8月20日、大阪市教育委員会は、久保校長に対して文書訓告を下した。文書訓告とは、懲戒免職などの法律処分と違い、最も軽い処分の部類に入る。久保校長は法律を犯したわけでも方針に従わなかったわけでもなく、従いつつも現場を任された長としての意見を述べたに過ぎない。だから、処分のしようのないものを、市長の怒りを鎮めるために、形式だけの処分をしたというのが教育委員会の本音だろう。

しかし、いくら軽い処分だとはいっても、法律を犯した者が放置され、それに対して「おかしい!」と声を上げた者が戒められる、そんな理不尽な世の中であってよいのか。

それに、本来なら独立しているはずの教育委員会が政治に忖度する権力構造は何ら変わらないわけで、問題の解決にもならない。教育委員会が守ってくれないなら、いったい誰が現場で働く教職員を、そして子どもたちを守ってくれるのだろうか？
訓告後、久保校長はこんなことを書いている。

私の長年の疑問は、なぜ、戦前、戦中の教師たちは、軍国教育を推進し、終戦と同時にそれまでの教科書に墨を塗り、民主主義を唱えることができたのかということでした。葛藤はなかったのか、苦しまなかったのかということです。それに明確に答えてくれる手記のようなものを見たことがありません。自分なら、クラスの子どもたちに「立派に死んで来い」と言うだろうか。教師なら絶対そんな気持ちになるはずがないと思っていました。私がその当時の教員だったら、どんなことがあっても抵抗するはずだと思ったのです。今、日本では武器をもって戦うような戦争はありません。ですから、私は、平和な民主的教育をしていると思っていましたが、自分があり得ないと思っていた当時の教員と同じ過ちを犯しているのではないかと思うようになりました。グローバル化が進む今、10年先が予測できない過酷な状況が待っています。今ある仕事の多くは人工知能にとってかわられると言われています。そんな戦場のような社会に「さあ、勝ち抜いてこい！」と送り出している私は、「立派に死んで来い」と教え子を戦場に送り出した戦前・戦中の教師と変わらないではないかと。[*26]

時代は変われど、国家権力と教育現場の関係、そして教育に求められる「富国強兵」の使命は何ら変わっていない。「教え子を再び戦場に送るな！」を合言葉に描かれた戦後民主教育の理想は、いまだその実現を見ることなく、いつしか形骸化されてきたのだ。

一つ言えること、それは、政治介入を許す教育委員会には、現場の教職員はもちろん、子どもたちをも守ることはできないということだ。もちろん、それは大阪市だけの話ではない。しかし、権力に従うことだけが求められる今日の教育委員会にも、疑問を抱き続けている人はきっといる。その人に声を届けるのだ。あなたは間違っていない。法律も、私たちも、あなたの味方だ。

註

＊1　楾大樹『檻の中のライオン―憲法がわかる46のおはなし』かもがわ出版、２０１６年。

＊2 「〈民主主義のあした〉『多数決を捨て、議論をしよう』イタリア学会会長 藤谷道夫さん」東京新聞 TOKYO Web。2021年1月5日。https://www.tokyo-np.co.jp/article/77960
＊3 網谷壮介「ポピュリズムと代表制」Choose Life Project。https://cl-p.jp/2021/02/27/unv2-4/
＊4 「日本学術会議の発足にあたつての科学者としての決意表明（声明）」日本学術会議第1回総会、1949年1月22日。http://www.scj.go.jp/ja/info/kohyo/01/01-01-s.pdf
＊5 大田堯・山本昌知『ひとなる―ちがう・かかわる・かわる』藤原書店、2016年、pp.25-26
＊6 同右、p.22
＊7 前川喜平「教育から『自由』が奪われ続けている」『「自由」の危機―息苦しさの正体』集英社新書、2021年、p.323
＊8 斉加尚代・毎日放送映像取材班『教育と愛国―誰が教室を窒息させるのか』岩波書店、2019年。
＊9 Arendt, H.（1993）*Between past and future: Eight exercises in political thought.* London: Penguin.
＊10 OECDの国際学習到達度調査（PISA）における日本の成績が、読解力は8位から14位に、数学的リテラシーは1位から6位へと失墜したことが社会問題となったことの呼称。
＊11 「平成19年度全国学力・学習状況調査について」文部科学省ホームページ。https://www.mext.go.jp/a_menu/shotou/gakuryoku-chousa/zenkoku/07032809/002.htm
＊12 「平成30年度実施の都道府県・指定都市による独自の学力調査について」文部科学省。http://

www.mext.go.jp/a_menu/shotou/gakuryoku-chousa/sonota/detail/1406394.htm

＊13　「ゼロ・トレランスの今から、学校・教育を問う」ゼロ・トレランスを考える実行委員会、２０１６年11月19日。

＊14　「学テ対策に疑問の声、秋教組調査　教員『授業時間犠牲に』」秋田魁新報電子版、２０１６年８月29日。

＊15　「〝学力全国１位〟の裏で…『行き過ぎた事前対策』結果にこだわる根深い体質」ＭＲＯ北陸放送、２０２３年11月７日。https://newsdig.tbs.co.jp/articles/-/823505

＊16　『日本における子ども期の貧困化―新自由主義と新国家主義のもとで』（子どもの権利条約市民・ＮＧＯ報告書をつくる会、２０１８年）を参照。

＊17　日本弁護士連合会子どもの権利委員会編『国連から見た日本の子どもの権利状況』２０２０年。https://www.nichibenren.or.jp/library/pdf/jfba_info/publication/pamphlet/kodomo_pam04-05.pdf

＊18　「広報ひがしよどがわ」２０１４年５月号。https://www.city.osaka.lg.jp/higashiyodogawa/cmsfiles/contents/0000265/265153/higashiyodogawa_2014_05_01.pdf

＊19　大阪府立水都国際中学校・高等学校ホームページ。https://osaka-city-ib.jp/

＊20　教員に有効なインセンティブは、ボーナスなどの外的報酬ではなく、生徒の成長などの内的報酬であることはアメリカにおけるメリットペイやキャリアラダーの研究などからもわかっている。Conley, S., & Levinson, R.（1993）Teacher work redesign and job satisfaction. *Educational Administration Quarterly*, 29（4）. pp.453-478.

＊21　Harvey, D.（2007）*A brief history of neoliberalism.* Oxford: Oxford University Press. p.3.

＊22　吉村洋文大阪府知事のX（旧ツイッター）への投稿（２０１８年9月14日）。https://twitter.com/hiroyoshimura/status/1040602047429599232

＊23　勝野正章「教職の『非専門職化』と『脱』非専門職化」『人間と教育』２０１８年春号。

＊24　『We』２０２１年８・９月号、pp.18-19

＊25　鈴木大裕『崩壊するアメリカの公教育　日本への警告』（岩波書店、２０１６年）第9章「シカゴ教員組合ストライキ」を参照。

＊26　久保敬「『文書訓告』を受けて今改めて思うこと」２０２１年8月30日。https://drive.google.com/file/d/1pTu3DKz_YztYVvH0C2-W63illrDmJYhS/view

第4章　「自由」の中で不自由な子どもたち

――コロナ禍が映し出した教育の闇と光

1 「自由」の中で不自由な子どもたち

（『季刊教育法』２０２０年12月号からの抜粋）

「コロナが収束して元に戻ったら……」

私たちはいつまでそんなことを言い続けるのだろうか。日本で初の新型コロナウイルス感染者が確認されたのが２０２０年1月。まもなく1年が経つ。どれだけの人々が、こんなにも長引くと予想しただろうか。

私などは一時的なものかと思っていたし、日本全国に広がるとも思っていなかった。コロナ時代の「新しい生活様式」はすでに私たちの日々の生活に溶け込み、今となってはコロナのない世界を想像する方が難しい。

ただ、コロナ禍に見舞われたことは、なにも悪いことばかりではなかったように私は思う。私たちは、自分たちを取り巻くせわしない「日常」が非日常となったことで、これまでの世界を、一度立ち止まって大きな視点と時間の流れの中で問い直す稀有《けう》な機会に恵まれたのだ。

「正常化」を目指す前に「正常」そのものを問い直し、「遅れを取り戻す」のではなくコロナ禍を機に新しい学びを考える……。そんな機会にできないものだろうか。

危機に弱い社会、危機に弱い教育

日本の貧困問題に長年取り組んできた稲葉剛《つよし》は、新型コロナウイルスの感染拡大が、新自由主義の果てにできた今日の「危機に弱い社会」を露呈させたと指摘する。[*1] 私も同じ想いだ。

中曽根政権以降引き継がれてきた新自由主義的な競争の中で、痩せ細った医療や福祉制度は悲鳴を上げ、経済状況の悪化で「使い捨て労働者」化した派遣社員や外国人技能実習生はいとも簡単に解雇され、バイトを失った大学生は高騰する学費を払えないと退学を覚悟し、泊まる場所を失った「ネットカフェ難民」らは路頭にさまようことになった。[*2]

テナント料はおろか、家賃を払えない人たちが続出し、11月9日にはコロナ解雇や雇い止めは7万人を超えたと厚労省が、[*3] 翌日には10月の自殺者が全国で2153人にのぼり、前年比で約40％増加したことを、警察庁が相次いで発表した。[*4]

不要不急。新型コロナウイルスの感染が拡大する中、そんな言葉が私たちの行動を取り締まるようになっていった。国をまたいだ移動に始まり、国内においても不要不急の移動の自粛が要請され、観光業の落ち込みと共に飛行機や電車などの交通が麻痺した。緊急事態宣言が出されると、不要不急の外出までもが自粛対象となり、飲食店、美容室、カラオケ店や遊園地に人が入らなくなり、スポーツや音楽等の芸術活動も休止を余儀なくされた。

それこそが人間を人間たらしめる「文化」なのかもしれない。ただ、緊急事態宣言による都市部のゴーストタウン化は、「不要不急」に支えられる都会の華やかさと、その脆さを私に感じさせた。

コロナ危機で試されたのは経済や医療、福祉体制だけではない。教育も同じだ。危機の時にこそ、日頃の教育の成果が問われる。社会のさまざまな機能が麻痺し、突然学校が閉鎖された時、子どもたちがこれまで受けてきた教育はどのような力を発揮したのだろうか。

2020年3月、突然、全国の子どもたちの学びが止まった。それは単に、安倍元首相による唐突な「全国一斉休校要請」で全国の学校が閉鎖されたというだけではない。ネットには家でだらだらし、ゲームばかりする子を懸念する保護者の声が溢《あふ》れ、学校の早期再開やICTによるオンライン授業を求める大合唱となった。

我が家にも、急に放り込まれた自由の中で戸惑っている娘たちの姿があった。毎日たくさんの授業をこなし、帰宅後も宿題のために遊ぶこともできない彼女らが、突然「やらなくちゃいけないことだらけ」の日常から解放され、何をしたらよいかわからないのだ。せっかく学校がないのだから、家の裏の川に遊びに行ってもよいし、本を読んでもよいし、好きなことをやればよいのに……。

暇を持て余し、まるで一日一日を「消化」するように過ごす娘たちに、私はやるせなさを感じ、大人の号令を待つ子どもに育ててしまった我が家の教育を大いに反省した。同時に、私は日本の教育に対しても、それまで以上の危機感を抱くようになった。

大江健三郎の作品の中に、『芽むしり仔撃《こう》ち』という小説がある。戦時中、感化院に保護された「不良少年」たちが集団疎開する物語だ。子どもたちが到着してまもなく、山奥の疎開先の村は疫病に襲われ、村人たちは突然、ひっそりと村を出ていく。自分たちをまるで動物のように扱う村人の監視から急に解放され、戸惑う子どもたち。主人公の少年は、その状況をこう説明する。

時間がまったく動かない、と僕は苛立《いらだ》ちながら考えた。家畜がそうであるように、時間もまた、人間の厳しい監督なしでは動こうとしないのだ。時間は馬や羊のように、大人の号令なしでは一歩も動かない。[*5]

経験したことのない「自由」の中で不自由な彼らの姿は、私には、コロナ支配下の日本の子どもたちとどこか重なって見えた。

受け身な子どもたちを育ててきた日本の教育

しかし、なにもこれは今日に始まった問題ではない。2018年にちょうど100歳で亡くなった教育哲学者の大田堯はずっとそう指摘してきた。大田によれば、「教育」という言葉の由来は、開国時に西洋から入ってきた「エデュケーション」を訳したものであり、日本語の歴史において比較的新しいものだ。そして大田は、それが誤訳であり、その悪影響は今日の教育にも及んでいると指摘する。

「エデュケーション」のラテン語の語源にはそもそも、「養う」や「引き出す」という意味はあっても、「教える」という要素はない。それが、教えるという「上にある者が下の者に施す」との字源をもつ要素とすり替わったことが、従来の講義中心型の授業スタイルと、日本の学生の学びに対する受け身な姿勢につながっていると大田は指摘する。[*6] そしてそのような中で生徒は教えを受け、その一部が教員となり、日本の昔ながらの教育体制に組み込まれていくのだ。

しかし、競争の激しい世界市場では、上司の指示ばかり待つような消極的な「人材」が通用しないことは、これまでも度々、産業界から指摘されてきた。だからこそ国は「アクティブラーニング」[*7]への転換を打ち出してきたのだろう。もちろん、国が上から押し付ける時点でそもそもアクティブではないのだが……。

「学びを止めない」!?

突然の全国一斉休校要請で学校や家庭が混乱する中、政府の中で最も鋭い瞬発力を見せたのが経済産業省だった。以前からEdTechなどを推進してきた経産省は「学びを止めない未来の教室」というキャンペーンを打ち出し、「今こそ我々の出番だ」と教育産業に期間限定の無料オンライン授業の配信を呼びかけた。

教育産業はこの呼びかけに素早く呼応し、多くの自治体や学校、そして保護者がこれを歓迎した。それに対して文科省は、家庭学習課題の配付とその定期的なチェックなど、学校としてできる対応を取るよう促したが、時代遅れとの批判も少なくなかった。こうして休校期間をオンライン授業で乗り切ろうとする気運が世間に一気に広まった。

「ＩＣＴ教育についてどう思うか？」そんな質問をよく受ける。私の基本的なスタンスはいたってシンプルだ。ＩＣＴは単なるツールであって、良くも悪くもない。だから、ツールであるはずのＩＣＴが目的となっては本末転倒だし、誰がどのような目的でそれを推進しているのかに大きく左右されると思っている。

つまり、貧弱な教育観のもとで使われたら逆効果であって、それが日本で起こっていることなのではないだろうか。従来の学びの本質も問わずに、単に授業の媒体をオンラインに変えて配信することは、学校教育の超合理化、商品化、そして民営化を招き、かえって危険だ。

ある新聞社から取材を受けていた時にそのようなことを話していたら、その時の女性記者がふと我に返ったように回想し、東京にある彼女の娘の小学校で起きたことを教えてくれた。

コロナ休校が始まってしばらくし、その小学校でもオンライン授業が始まるという時のことだった。一部の保護者から、「やらないでくれ」とのクレームが出たのだ。理由は、「その時間は塾のオンライン授業があるから」。

オンライン学習に関しては、前々から実施してきた塾や民間企業の方が、公立学校よりもよっぽどノウハウもツールも持っている。このまま効率化を突き詰めれば、学校は存在意義を失い、「塾のカリスマ講師の授業をオンラインで一斉配信すればよい」とのビジネス界からの提案にも現実味が出てくる。限られた教育予算が民間に流れれば、しわ寄せが教員数の削減などの形で学校現場に表れるのは目に見えている。

「学びを止めない！」という経産省のメッセージは、巧妙で、空っぽなスローガンだと私は思う。反対の余地を残さず、「いかに学びを止めないか？」という非常に狭い議論の枠組みに私たちを誘導するからだ。

「民衆を受け身で従順にする賢い方法は、議論の範囲を厳しく制限し、その中で活気ある議論を奨励すること」[*8]というノーム・チョムスキーの言葉を思い出す。「学びを止めない！」は良いのだが、そもそも何をもって「学び」と呼ぶのだろうか。学校や教師の存在意義は、自らを必要としない子どもを育てることだろう。ならば、真に問うべきは、どうやって学びを継続するかという手段の問題ではなく、学校閉鎖によっていとも簡単に止まってしまったコロナ前の「学び」そのものなのではないだろうか。

コロナ禍は子どもたちの「お勉強」を停止させ、彼らに生きることを求めた

コロナ休校中、普段ならブーブー言う多くの子どもたちが、学校の再開を心待ちにしていた。それは保護者も同じだった。コロナ休校によって社会が麻痺したことで、学校がどれだけありがたい場所か、子どもたちにとってどれだけ大切な場所か、多くの保護者が気づかされたはずだ。

だから本来であれば、そんな今こそ教員と保護者が手を取り合い、子どもの声を頼りに学校をつくり直す千載一遇のチャンスのはずだ。しかし、「学びの遅れを取り戻せ！」の号令のもと、無理な詰め込みを子どもたちに強いるシステムの「歯車」に、自分がなっているように感じている教員は少なくないのではないだろうか。

どうやら、子どもたちが待ち望んでいたのは授業ではなかったようだ。コロナ休校中、ネットを通して子どもたちが訴えたのは、友達と会うことだったり、準備していた「6年生を送る会」だったり、修学旅行だったり、部活動だったり……。それは、子どもたちが、授業というものが豊かな学校教育の一部に過ぎないことを知っているからだ。

でも、彼らの期待は見事に裏切られた。自分たちの都合でしか教育を考えようとしない

大人は、コロナで失われた授業の遅れを早く取り戻そうとするばかり。都市部の学校を中心に、子どもたちが楽しみにしていたプールや学校行事は中止になり、部活動に取り組んできた子たちの集大成である大会や発表会も中止となった。

感染防止のためだからと言って子どもたちがくっつくことも、歌うことも、給食中のおしゃべりもダメ、熱中症になるからと言ってマスクをして走り回ることもダメ。また、夏休みや冬休みを潰して授業時間を確保しようと主張する者もいるが、せっかく多くの子どもたちが学校再開を楽しみにしているのに、そんなことをしたら逆に勉強ギライ、学校ギライの子どもを大量生産してしまう。

そうは言っても、休校していない地域としている地域とでは学力格差が開いてしまう、との懸念もある。しかし、そもそも、休校中だからといって子どもたちは本当に学んでいないのだろうか？

千葉県で中学校の校長をしている私の恩師は、子どもは放っておけと言う。言われる通りにした私は、コロナ休校が長引くに連れ、娘たちの変化を目の当たりにした。

あまりにも暇な娘たちは、人に本を借りるようになり、休校中にたくさんの本を読んだ。絵もたくさん描いた。遠方の友達に手紙を書き、返事を楽しみに待つようになった。料理やお菓子作りにも挑戦した。山菜に興味を持ち、散歩の途中で見つけたフキなどを持ち帰るようになった。また、最初は無気力に暇を持て余していた地元の中高生たちが、農家の田植えを手伝うようになり、メキメキ力をつけていく姿も私は見ている。

都会のあらゆる機能がコロナで麻痺している間も、山村ではいつも通り山菜が育ち、農家も自然のサイクルに身を委ねて生きている。そんな中で、最初は時間を「消化」するだけだった子どもたちも、少しずつ時間を「飼いならす」ことを学んでいるように私には見える。コロナ禍は子どもたちの「お勉強」を停止させ、彼らに生きることを求めたのだ。本来それは、近代の教育が引き起こしてきた「生きること」と「学ぶこと」の乖離《かいり》を解消するチャンスであるはずだ。

「そのようなことは受験で役に立たない」と切り捨てる人もいるかと思う。しかし、机上の「学力」しか評価できない受験制度にこそ問題があるのではないだろうか。AIの時代に企業が求めているのは、自ら考え、豊かな想像力とあきらめない精神力を持つ人間ではないのか。そして、そのような人間を、今日の受験制度は評価できているのだろうか。急には受験制度を変えられないというのなら、とりあえず今年は「学力」格差が出ないように受験範囲を狭めればよいだけのことだ。

「田舎では子どもたちが外でも安全に遊べるかもしれないけど、都会ではムリ」と思う人もいるだろう。しかし、子どもの権利という視点から考えれば、子どもが外でのびのびと遊べる環境を整備することは自治体の当然の責任であるし、コロナ支配下で在宅リモートワークが一気に進んだ今、都会一極集中型の社会そのものを見直す良い時期でもあるのではないだろうか。

親は命を燃やす自分の背中を見せること

日本の教育の呪縛から解き放たれなければならないのは、親も同じだ。子どもが暇そうにしていると、「何かさせなくちゃ」と思い、いろんな勉強や習い事を与えるのが「教育熱心な良い親」で、子どもを放っておくような親は「子どもに関心のない悪い親」だと思いこまされてはいないだろうか。

放っておかれる子どもは、生きるために必然的に学ぶ。何も与えなければ、子どもは何かやることを見つける。子どもがゲームばかりするのが気に食わなかったら、親がゲームを与えなければよいだけのこと。必要に迫られれば、料理だって洗濯だって自分でするようになる。不自由の中で、子どもは生きることを学ぶのだ。

もちろん、私の恩師が言う「子どもを放っておく」こととネグレクトとは違う。愛情をもって子どもを放っておくのだ。それが許され、放っておかれた子どもたちは、その安全と成長を地域に見守られる、そんな寛容な社会であって欲しいと心から願う。
親は子どもを信じて、自分が命を燃やす背中を見せればいい。家の中で子どものことばかり気にするからお互いにストレスが溜《た》まるのだ。そして、子どもの幸せを願うよりも先に「勝ち組」に入れることを意識するから不安になるのだ。親は、好きなことや、やるべきことに全力を尽くし、生きるとはこういうことだと見せればいい。そして、寝る前に子どもと語り合いたいものだ。

「もうすぐ今日が終わる　やり残したことはないかい
親友と語り合ったかい　燃えるような恋をしたかい
一生忘れないような出来事に出会えたかい
かけがいのない時間を胸に刻み込んだかい」

（かりゆし58『オワリはじまり』）

2 「おとなに聞いてほしい」

（『季刊教育法』２０２０年12月号からの抜粋）

自然における生命《いのち》の営みの中で教育をとらえ直す。その必要性を訴え続けたのは大田堯先生だった。命ある全てのものには「根源的自発性」があり、自ら生きようとする。だが、自然界で生きるためには学ばなくてはいけない。乳の吸い方、身の守り方、獲物の捕まえ方……。だから、生きることは学ぶことであり、学ぶことは生きることでもある。

そんな大田先生の思想は、本来は途切れることのないその生命の営みを、年齢で分け、年度で区切り、「教科」に区切り、「授業」に押し込み、生きることと学ぶことを無理やり切り離してきた近代の教育が、どれだけ不自然なのかを教えてくれる。

だから、今回のような長期にわたる学校閉鎖が起こると、子どもたちは生きているのに「学んでいない」と見なされてしまう。

コロナ危機は、子どもたちの「学習」を停止させ、彼らに生きることを求めた。本来それは、近代の教育が引き起こしてきた、生きることと学ぶことの乖離を解消するチャンスであるはずだ。それなのに、子どもたちが学んでいないと心配した大人たちは、逆に今度は子どもたちの時間を「お勉強」ばかりで埋め尽くし、子どもたちが生きる余白をも奪おうとしている。

「おとなに聞いてほしい」

2020年6月25日付「西日本新聞」の「こどもタイムズ」に、ある小学6年生の投稿が掲載された。タイトルはズバリ、「おとなに聞いてほしい」。

僕は福岡市の小学校に通う6年生です。福岡市の学校では、2カ月半以上続いた休校での勉強の遅れを取り戻すために、授業時間を短縮して授業の数を増やすことや行事の削減、また、夏休みの短縮も決まりました。

これから暑い夏にマスクをして、友達と距離を保って、急いでたくさん勉強する。考えただけで息が苦しくなり、学校に行くのがつらいと感じます。僕たちはロボットではありません。

体育や調理実習などもやりたいです。プールや運動会などの行事もなくなります。体育や行事で活躍する友達もいっぱいいます。楽しみにしていた修学旅行も行えるかどうか今のところ分かりません。

子どもの時にしかできないことがたくさんあります。勉強も大切なことだと思いますが、友達と遊んだり、ケンカして仲直りしたりして学ぶこともとても大切だと思います。

このまま詰め込むしかないのでしょうか。本当に他にできることはないのでしょうか。大人に僕たち子どもの気持ちや意見を聞いてもらいたいと強く思います。

三小田《さんこだ》陽《ひなた》（12）

「そうは言っても、授業が大事」「受験で不利になると困るから」と言う大人は多いのだろう。「学力」がテストの点数で測られ、受験を勝ち抜いて大企業に入ることが「成功」と見なされる今の社会ではしかたのないことかもしれない。

しかし、そのような貧弱な「学力」観と子どもの多様性を祝福できない社会の枠組みの中で答え探しをするから、八方塞がりに感じるのだろう。本来問うべきは既存のパラダイムそのものなのに、その中でつじつまを合わせようとするから無理が生じるのだ。

私自身が学校に求めることは、いたってシンプルだ。子どもたちと学ぶ喜びを分かち合って欲しい、そして学び方を教えて欲しい。アイルランドの詩人、イェーツが言ったとされる言葉がある。

「教育とは、バケツを満たすことではなく、心に火をつけること」

今、教育現場は「どうやって授業時数を確保するか？」という問いに迫られ、昼休みや夏休みの短縮、土曜授業、兵庫の一部地域では8時間授業をしている小学校もあるという。しかし、授業時数よりも大事な問いは、「どうしたら子どもたちの心に火をつけられるか」ではないだろうか。

授業時数の確保に明け暮れるのは、急いでたくさんバケツを満たすようなものだ。しかし、もし子どもの心に火をつけることを目的に授業をするならば、300時間教えたってダメなものはダメなのだ。逆に、8時間で火をつけられる授業だってあるだろう。コロナ禍で従来の学びの脆弱さが露呈した今だからこそ、真剣に考える必要がある。私たちはこれから、どんな学びを追求していくべきなのか。

最近ずっと、私の恩師でもある、故マキシン・グリーンの言葉を思い出している。

「私たち教師は、教え子や皆で分かち合うこの世界のために、より良い世の中を求める気持ちがなければ、事務員や役人としての人生をまっとうするしかない。私たちにとって、今ある世の中を再生産するだけでは到底足りないのです[*9]」

優しく、核心を突く言葉を放つ人だった。目の前の子どもとただ一生懸命かかわるだけでは不十分です。教師というのは創造的な仕事なのであって、その教師が子どものために闘わなければ、システムの歯車となるのは当然でしょう？　そんな彼女の叱咤《しった》激励が聞こえてくるようだ。

今ある世の中を再生産するのが教育なら、それを問い直すことができるのもまた教育だ。どうしても密を避けられない40人学級制は改正する。子どもたちの声に寄り添い、コロナ禍を機に、学校を「人を育てる場所」として再構築する。多様な成功の形を示し、一人ひとりの自己実現を教育の目標ととらえる。「学校に行くのがつらい」と感じている「陽くん」は全国にいる。教師が子どものために声を上げれば、保護者もきっとついてくる。

3　子別れの覚悟

（「朝日新聞高知版」2020年6月19日付、『教育』2020年8月号からの抜粋）

先に引用した大田堯は、名著『教育とは何か』[*10]の中で、キタキツネの「子別れ」の儀式を通して教育の本質を考えている。キタキツネは巣穴の中で子育てをする。出産後の数週間は雄が餌を巣穴に運んでくるが、いつしかその雄も家族から離れていく。

母親が狩りに出る間、巣穴の中で母親の帰りを待つ子どもたち。獲物をとってきた母親は、巣穴の入り口に戻ると合図をする。子どもたちは獲物目がけて飛び出してきて、最初に食いついた子どもが一匹丸ごと平らげる。出遅れた子たちは、お母さんのおっぱいで我慢するしかない。狩りを学ぶための最初の訓練だ。

ある程度大きくなると、子どもたちは巣穴の外に出て遊ぶようになる。取っ組み合いのけんかをしたり、昆虫を追っかけ回したり。そうして遊ぶうちに、狩りに必要な力がついていく。

子どもたちの食欲が旺盛になると、母親は一日に何度も狩りに出るようになる。目に見えてやせ細り、毛色もツヤを失う母親の体にその苦労は表れる。小さいうちは、子どもたちが狩りについて来ようとすると巣穴に追い返していた母親だが、ある時期を境に、逆に子ギツネたちが巣穴から出るのを促すようになる。数匹ずつ「実習旅行」にも連れて行く。子ギツネたちは、その旅行中に本物の狩りを見学し、身の隠し方や安全な休息場所の見つけ方など、生きるのに必要なことを一つずつ学んでいく。

そして、全てが終わった時、「キツネの育児行動のカリキュラムの終焉《しゅうえん》をつげるセレモニー」である劇的な子別れの日がやってくるのだ。狂った獣の形相で子どもに歯をむき出し、おそるおそる近寄る子どもに嚙みつき、縄張りから追い払う母ギツネ。それは、子どもの体が大きくなったからだけでもないし、知恵や技術がついたからだけでもない。そばでその成長を見守ってきた母親が、子どもはもう十分自分だけで生きていけると判断してのことだ。[*11]

母はどんな気持ちでその日を迎え、子らを追い払い、まだ温もりの残る巣穴に戻るのだろうか。

高知やその周辺地域では、子育てのことを「子やらい」と呼ぶ。何気なく使われている言葉だが、柳田國男によれば、それは元々「児やらひ」からきており、「やらひ」には追い払うという意味があるそうだ。そして柳田は、その行為と現代の教育との違いを重要視している。なぜならば、「ヤラヒは少なくとも後から追ひ立てまた突き出すことでありまして、ちゃうど今日の教育といふものの、前に立って引っ張って行かうとするのとは、まるで正反対の方法であったと思はれる」からだ。[*12]

私には中1と小5（2024年4月現在では高2と中3）の娘がいる。子やらいの終焉もそう遠くはないと思うと、寂しさと共に、残された貴重な時間への緊張感が湧いてくる。

コロナ休校は、私たちがどれだけ子やらいを学校に依存してきたかを露呈させた。子どもたちは、巣立ちに向かって成長しているか。私たちは子別れの覚悟をもって子どもと接しているか。この機に立ち止まって、これまでの教育を振り返りたいものだ。

4　学校という場所

私には、毎朝楽しみにしていることがある。「高知新聞」に掲載される、高知県こども詩集『やまもも』収録の詩を読むことだ。教員であれば、小《さ》砂《さ》丘忠義《おかただよし》の名を聞いてピンと来る人も少なくないかもしれない。『やまもも』は、生活綴方《つづりかた》の始祖とも呼ばれる小砂丘（高知県大豊町《おおとよちょう》出身）の影響を受けた教師らが始めたものだ。そこに綴られる詩には、子どもたちのささやかな喜びや驚きが詰まっている。怒ったり、喜んだり、悲しんだり、お腹《なか》の底から笑ったり……。五感を使って生きている子どもたちの心は、日々大きく揺れ動いている。

学校では毎日、親たちの知らないたくさんのドラマがある。給食の時、床に落としてしまった美味《おい》しそうなお肉。本当はそれを拾って食べたかったけど我慢したこと。教室で飼っていたバッタの脱皮を、友達と興奮しながら観察したこと。授業中に止まらなくなった友達のしゃっくり。クスクス笑いながら、みんなでそれに負けないような大声で発表したこと。仲良しの友達と冬に半袖対決。風邪をひきそうになりながらやっとの想いで勝ったら、「今度は夏に長袖対決をしよう！」と言われて困ったこと。冬の寒い日、給食に出た温かいぜんざいの美味しかったこと。2粒入っていた丸いお餅の柔らかかったこと……。

ドラマは学校の行き帰りにも待っている。ある冬の朝、霜を踏む音に夢中になり、思わず遅刻しそうになったこと。学校へ行く途中に、初めておんぶバッタを見つけたのが嬉しくて、学校までの階段を一段飛ばしで駆け上がったこと。学校帰り、給食のエプロンを落としたら、それを拾った友達のお母さんが綺麗《きれい》に洗ってアイロンまでかけて届けてくれたこと……。

朝、子どもたちは、「行ってきまーす」と言ってちょっとした冒険に出る。それは、自然界で言えば子ギツネが巣穴を離れるようなものだ。子どもたちは、家庭という巣穴から離れ、たくさんの「大事件」や「大発見」に驚き、胸をときめかせ、親の知らない間に自分たちの世界を広げていく。

同時にそれは、親にとっての「子別れ」の準備でもある。時にはケガもするだろうし、嫌な目にもあうだろう。だからこそ、朝の「行ってらっしゃい」には、子どもを外の世界へと送り出すリスクと、それを背負う親の覚悟がともなうものだと私は思う。しかしながら、多くの家庭がその覚悟をもたないがために、学校は全てのリスクを排除せざるを得ず、子どもが育たないのだ。

学校はまた、出会いと別れを経験する場でもある。学校で自分一人だった小学1年生。転校生がやって来ておしゃべりができるようになって勉強も楽しくなったと書く子もいれば、自分が転出する日の仲間や先生との辛い別れを振り返る子もいる。

「ちがう・かかわる・かわる」[13]学校を通して、自分とは性格も好き嫌いも違う他の子たちと出会う。教員ならば誰でも知っているように、怒るのも、悔しいポイントも、子どもによって全然違う。自分にとっては些細なことで傷つく子もいる。中には急に親を失う子や、言葉で表現できずにすぐに暴力をふるってしまう子、いつも汚い洋服を着て学校に来る子もいる。そんなかかわりの中で、自分にとっての「当たり前」が、少しずつ壊れていく。「ごめんね」「ありがとう」。子どもたちは共に生きる中で折り合いをつけ、変わっていく。それこそが学ぶということであり、それは親の保護からの自立のプロセスでもあることを、大田堯は強調する。子どもたちは学校を通して他の子と出会い、仲間を見つけ、響き合い、時に傷つけ合う中で、自分たちだけの世界を築いていく。そして少しずつ、親から離れる時間も長くなっていくのだ。

コロナ休校を受けて、大人たちはオンライン授業の整備や授業時間の確保など、子どもたちのお勉強の時間の確保に追われている。問題は、多くの人々が、お勉強と学びを履き違えてしまっていることだ。教員ならば驚きもしないだろうが、授業の内容は子どもたちの詩にはあまり出てこない。それはきっと、授業とは、大田が言う「ヒトがひとなる」ための壮大な学びのプロセスの一部に過ぎないことを、子どもたちは知っているからだ。

倉石一郎は、『むかし学校は豊かだった』[*14]の中で、学校の「豊かさ」は、「従来の議論で切り捨てられていた」[*15]ものと指摘する。だからなのだろうか、『やまもも』の子どもたちが謳う学校は、ドラマに満ちていて、豊かで、どこか懐かしい。それを誰よりもよく知っているのは、同じ空間で生活を共にしてきた教員だ。それを言葉にし、社会と共有することこそが、オンライン授業が整備され、学校の存在意義が問われるコロナ後の教育現場に求められているのではないだろうか。

5 生命讃歌《さんか》

2021年のクリスマス直前、私は1泊2日の強行スケジュールで羽田空港に降り立って千葉県に向かった。目的は、全国でも名高い千葉県船橋市立船橋高校（通称「市船《いちふな》」）吹奏楽部の定期演奏会を見るためだ。

1475席の習志野《ならしの》文化ホールは超満員。その熱気の中、コロナ禍の鬱憤を吹き飛ばすかのように、若い生命がステージで躍動した。吹奏楽の枠にとどまらず、嬉しそうに歌い、踊り、音楽の中で自らを表現する高校生たちの姿は美しく、見る者の心を揺さぶった。

市船吹奏楽部顧問の高橋健一先生は、ステージ上でこう訴えた。

「この子たちの一年と大人の一年とではわけが違う」

彼が生徒たちと共に闘っていたのは、新型コロナウイルスという病に冒された社会だったのではないだろうか。コロナ禍が加速させたことなかれ主義と自粛傾向が次々と部員たちの晴れ舞台を奪っていく中、高橋先生は目標を見失った彼らを励まし続けた。「準備していれば必ずチャンスはやってくる」。その言葉通り、部活ができずに誰もが出場を諦めていたコンクールに、ぶっつけ本番で出場したことだってある。

「分厚い日常を生きるんだ」と常々部員たちに言っている高橋先生は、ことあるごとに練習を止め、部員たちにとことん話し合わせる。そして先生自身も彼らと全力で向き合う。140人以上の部員たちのノートを読み、コメントをし、一人ひとりを下の名前で語る姿には、教育者としてのプライドが感じられる。

舞台の上でインタビューを受けた部員が言っていた。高橋先生は、こんなに部員がいるのに一人ひとりのことを本当によく理解している。そして、自分でも気づいていない「私」に気づかせてくれる、と。また、いくら下級生にもっと上手な子がいても、全国へとつながる吹奏楽コンクールに、高橋先生は3年生を全員出場させる。プレッシャーの中で部員たちは自分と向き合い、葛藤し、生きることを学ぶのだ。

定期演奏会のステージは、自分たちのつくりあげてきたものを多くの人々に観てもらえる、という生徒たちの喜びと感謝で溢れていた。「もっともっと私たちを見て！」と言わんばかりにステージ上を飛び跳ねる生徒たちの笑顔は清々《すがすが》しく、眩《まぶ》しかった。

子どもが仲間と共に、与えられた命を精一杯輝かせる。そんな姿を見ることは、全ての親の願いなのではないだろうか。私だったら、娘たちにそんな学校生活を送って欲しいと思う。他に望むことなど、何もない。

2022年、市船吹奏楽部の実話を元にした小説『20歳《はたち》のソウル』*16が映画化された。主人公の浅野大義《たいぎ》くんは、20歳の時に癌《がん》で亡くなった市船吹奏楽部の卒部生。高橋先生の吹奏楽部で、煌々《こうこう》と命の輝きを放った生徒だ。告別式には一般の参列者とは別に、先生の声かけで164人もの卒部生らが楽器を持って集まり、音楽の中で彼を見送った。生前の大義くんが放った輝きの強さ、そして先生や仲間と共に過ごした時間の濃さがそこに表れている。

『20歳のソウル』の解説に、高橋先生はこんなメッセージを寄せている。

「告別式の日。仲間164人から紡ぎ出される大義へ贈る音楽は魂を浄化させるものだった。一つ一つの音に表出されているものは〝悲しみ〟ではなく〝感謝〟と〝願い〟に溢れるものだった。それは奇跡の音ではなく、私たち市船吹奏楽部にとっては必然の音であった。音は天高く昇って行った[*17]」

告別式のその情景は、生前、大義くんの胸に深く刻まれていたという高橋先生の言葉を体現していた。

「音楽は人間関係だぞ」

市船吹奏楽部の定期演奏会を見たり、高橋先生の話を伺ったり、『20歳のソウル』を読んだりして私がそうだったように、読者の中にはこれを読んでどこか懐かしく感じた人もいるかもしれない。きっとそれは、いま急速に学校から失われつつある教育の本質が、そこにあるからではないだろうか。

「教育は時間がかかるもの」と高橋先生は言う。しかし、教育現場にも結果責任の支配[*18]が拡大する中、早く安く効率的に目に見える「結果」を出そうとするがあまり、子どもたちの心の育成や、人としての成長が蔑《ないがし》ろにされている。もし、学校でなければ、社会におけるどの機関が、その役割を担うのだろうか？　今を生きよう、命を輝かせようとしている若者たちのエネルギーを、誰が受け止め、慈しみ、世に送り出していくのだろうか？「学校」という場所、「教師」というしごとがいま、問われている。

6　教員を信用しない社会で人を信用する子どもたちが育つのか？

（『クレスコ』２０２３年7月号）

今日の教育現場は、そもそも人を育てる場所としてデザインされていないのだと思う。先日、私の恩師が校長を務める学校が、教育委員会による管理訪問を受けた。その際に提示されたという資料を見て、私は愕然《がくぜん》とした。そこから見えてきたのは、行政が教員を信用せず、あれダメ、これダメというルールで教員をがんじがらめにしている姿だった。

飲酒運転をするな。テストや個人情報の入ったデータを学校から持ち出すな。長時間残業するな。現金を職員室の机の中に入れておくな。体罰や暴言、パワハラやセクハラで生徒の人格を傷つけるな。携帯電話、メール、ＳＮＳなどで生徒とやり取りするな。管理職の許可なしに生徒と1対1で話をするな。密室での個別指導など言語道断。児童生徒との身体接触は一切するな。教員による性暴力を未然に防ぐために校内に死角をつくるな……。その資料にはあえて書かれていなかったものの、親との飲み会は当然禁止であり、子どもは男女関係なく、必ず「さん」付けで呼ばなくてはならないという。

「これを読んでやる気を出す教員がいるか?」――校長は憤っていた。私はとりわけ、管理職の許可なしに生徒と1対1で話してはいけない、という決まりに驚かされた。「一人でも多くの生徒とどれだけ深く対話するか」。そんなことが教員に求められた私の中学校教員時代(2002~2008年)が遠い昔のように感じられる。

管理訪問では、生徒との身体接触に関して、こんなエピソードまで職員らに紹介されたそうだ。ある教員が、一人の生徒を励ますためにそっと肩を叩《たた》いた。後日、その生徒の親から、「そんなセクハラするやつは担任からはずせ」との苦情が学校にあったという。そんな状況なのだから、生徒の頭を撫《な》でるのも当然アウトだ。

校長は管理訪問の翌日、職員らにこう語った。「五感を働かせて生徒との信頼関係をつくろう。励ましている人の気持ちもわからないような人間を育てるな。自分たちがなんで教員になったかを忘れないで欲しい」

教育委員会の資料は、「コンプライアンス」の大号令のもとで、いかに自分たちが世間から信用されていないかという印象を教員に植え付ける一方で、彼らに高貴な理想を求める。「教育者としての自覚と誇り」「深い愛情と使命感」「子どもの権利」「生徒との信頼関係」……。どれもその通りなのだが、もはやきれいごとにしか聞こえない。どうしたら教員は教育者としての誇りと使命感をもてるのだろうか？　どうしたら生徒との信頼関係を築けるのだろうか？　そのためにはどんな環境が必要なのだろうか？　そんな問題意識は微塵《みじん》も感じられない。

同様に、教育委員会の資料は、「教職員の心身の健康の大切さ」や「働き方改革の必要性」を説く一方で、おびただしい数のマニュアルに精通するよう、教員に求める。学校の不審者対応危機管理マニュアル、学校総合防災マニュアル、学校徴収金の管理および事務取り扱いに関する要綱マニュアル、学校における食物アレルギー対応の手引き、児童生徒を性暴力から守るための行動指針、学校で保有する情報資産の取り扱いに関する実施手順、いじめ防止ガイドライン、部活動ガイドライン、などなど。

もちろん、それらに目を通すだけでも膨大な時間がかかるのは言うまでもないが、それでいて「超過勤務が月平均45時間を超えないこと」「教職員のストレス度が全国平均より良好であること」を一方的に求めるのだからむちゃくちゃだ。

行政は形を整えるだけで、あとは全て教員や学校の自己責任。そう考えると、行政の仕事は問題を起こさないことではない。マニュアルを作って、問題が起きた際に自治体の責任が問われないようにするための説明責任さえ果たせれば、それでよいのだ。

管理すること、締めつけることで人は育つのだろうか？　教員を信用しない社会において、はたして人を信用する子どもたちが育つのだろうか？　教員の不祥事をどうしたら防止できるかを考える前に、なぜ教員の不祥事が後を絶たないのかを考えるべきではないだろうか？　昔といったい何が変わってきているのか？

不祥事を防止したいなら、自分を「人生の師」と慕う生徒を教員に持たせることだと私は思う。生徒の想いを背負って生きている教員には、無責任なことはできないから。

管理訪問の最後に、教育委員会のメンバーは口々に生徒たちのことを褒めたそうだ。「先生たちと子どもたちの距離がとても近く感じられた。いい関係づくりができていると思った」「先生たちと子どもたちの関係がとても温かくて授業を見ていてもとても反応が良く、前向きな子どもたちの気持ちが伝わってきた。日頃の指導の賜物《たまもの》と感じた」「自分の意見を発することができる生徒が見られた」「どの子どもも笑顔で挨拶してくれた」

校長は心の中でこう呟いていたという。

「そうだよ。あんたたちの言うことを真に受けない校長の学校の子どもたちがどう育っているのかよく見て欲しい」

7　私たちは時代の流れの中で何を守り、何を失ったのか

（『クレスコ』２０２３年８月号）

『いやや』

大津小（高知市）２年　高橋さや

あきらくんが

「デートしようぜ」

と言いました。

「やだ」

と言ったのに
「オーケー。デートはじめようぜ」
と言いました。
わたしが
「先生に言うで」
と言ったら、
あきらくんが
「もうしわけありません」
とわらいながら言いました。[*19]

「高知新聞」に毎日1編ずつ掲載される高知県こども詩集『やまもも』収録の詩。2016年に高知県に移住して以来、それを読むことが私の朝の楽しみになっていることは先述した通りだ。およそ子どもにしか書けない感性豊かな言葉に、私は笑ったり、感心したり、時にドキッとしたりする。

冒頭の詩は、つい先日（2023年7月4日）の「高知新聞」に載ったものだ。あなたは何を感じただろうか。私は大いに笑い、「よくこの詩を選んでくれた！」と先生の遊び心に触れた気がした。しかし、こうして笑えるのは、それが昔に書かれたものだと私が知っていたからなのだろう。実際、この詩が書かれたのは1996年だ。昔の詩だから笑え、今日だったら笑えない……。この違いはいったい何なのだろうか。

小学2年生とはいえ、詩の内容がデリケートなものだけに、今日的に言えば「プライバシー」や「個人情報」の観点から、実名が使われていることにまず驚くし、イジメや性非行の観点から見ても「アウト」だ。現在であれば、この詩が学校の代表作として選ばれることはあり得ない。担任の先生がこの詩を選ばないだろうし、校長も許可しないだろう。

保護者からのクレームだって容易に想定できる。あきらくんの保護者は、息子の名誉が傷つけられた、と学校に怒鳴り込んでこないだろうか？　さやちゃんの保護者はこの詩に驚き、あきらくんが娘に近づかないよう学校に対策を求めてこないだろうか？　はたまた他の保護者からも、先生はなぜこの詩を代表作として選んだのか、とクレームが来ないだろうか？　どこから飛んでくるかもわからないクレームが教員を萎縮させ、教育現場から「遊び」と豊かさを奪っていく……。それが今の時代だ。しかし、27年前、さやちゃんとあきらくんの「先生」は、保護者からクレームが来るかもしれないなどという発想すらなかったのではなかろうか。

この詩からまず伝わってくるのは、「何を書いてもいいんだ」というさやちゃんと先生との信頼関係。さやちゃんはどんな気持ちで書いたのだろう。怒りながら書いたのだろうか。いやいや、笑いながら書いたのだろうか。いずれにしても、「先生聞いてよ」というさやちゃんの気持ちが溢れている。

さやちゃんは、あきらくんと先生の関係もよくわかっている。あきらくんとしては、よっぽど先生に言って欲しくなかったのだろう。でも、「もうしわけありません」という、小2らしからぬ言葉であやまったあきらくんの主張もむなしく、思わぬ形で先生に知らされたわけだ。

先生も、きっと大笑いしながらこの詩を読み、自信をもって『やまもも』に寄稿したにちがいない。そこには、この詩が世に出ても「問題なし」と読んだ先生とあきらくんとの信頼関係すら感じられる。何よりも大事なのは、このような子どもの詩が祝福され、当たり前のように出版されていたということではないだろうか。

ずいぶん前の『やまもも』を読み返していると、昔の先生と子どもたちとの間に普通にあったスキンシップが印象に残る。ある詩では、風邪をひいている担任の先生を気遣って、無理せずドッジボール休んでいいよと声をかけたら、「やさしいね」と抱きしめてくれた時の先生のぬくもりが描かれている。

先生は
「まさとくん、やさしいね」
いうて　だいて　くれた。
ぼくは、　きんちょう　した。
ぬくかった。
ぼく　先生　大すき。[*20]

これも、今日的にはアウトなのだろう。つい先日、東京都教育委員会が作成した、教職員の児童・生徒への性暴力に対する校内掲示用の警告ポスターがニュース[*21]になったばかりだ。そのポスターで強調されていたのは、「さわらない」だ。児童・生徒に対して、指導に不必要な身体接触は行ってはいけません。そう警告されている。
ふと思う。私たちは、時代の流れの中で何を守り、何を失ったのだろうか。

8　マニュアル化する社会の中で①奈良教育大附属小学校「不適切指導」事件

（『クレスコ』2024年4月号）

「奈良教育大学附属小学校では、今年（2024年）1月に、学習指導要領に基づく授業時間が不足するなど、不適切な指導が明らかになりました」

あなたもネットやテレビでそんな報道を目にしたのではないだろうか。国が定めている、教えるべき内容を奈良教育大附属小（以下、附属小）では教えていなかったことが発覚。新任の校長が教職員に是正を求めたが受け入れられなかった……。そんな内容を聞いたら、それはダメだよね、となるのが普通なのかもしれない。

実は、「不適切指導」が指摘されている附属小には、私は少しだけご縁がある。ちょうど1年前の2023年4月に、附属小の教員研修に講師として招かれたのだ。講演を引き受けた時、「どんな学校づくりをしたいか」を綴った教員たちの文章がメールで送られてきた。聞こえてきたのは、「評価」という名の行政介入に苦しむ教員たちの願いだった。

一人の教員はこう書いていた。

「わたしたちは、ただ子どもたちのために教育をしたい、それだけだ。子どもをすこやかにかしこくしたい。子どもが主人公の学校でありたい。目の前の子どもたちを一番知っているのは私だし、一番知りたいと思っているのも私だ。子どもを知らない誰かのいうことではなく、子どもたちを見て子どもたちとともに授業をつくりたい」

教員たちの声を聞き、彼ら彼女らの綴った実践録[*22]から私が感じたのは、附属小には、目の前の子らのニーズに合わせて最善を尽くす教育のプロたちがいて、自らの頭で考えることのできる子どもたちがちゃんと育っているということだ。そして、それをわかっているからこそ、保護者たちは教員を守ろうと署名活動まで始めたのだ。

今回の事件は突き詰めれば、教育現場への介入でマニュアル的な教育を押し付けようとする行政と、子どもにとってのベストを考え、上からの圧力に抗《あらが》う教育現場との対立なのだと思う。文科省の支配が全国隅々の公立小中学校にまで行き渡ったところで、従来は研究・実験的な役割を担ってきた国立大学附属校にまでその触手が伸びてきたのだ。

実際、附属小の件が発覚してすぐ、文科省は全国の附属校を置く国立大学に通知を出し、ガバナンスや学習指導要領遵守の状況などを点検するよう求めている。だからこそ、これを許せば他の国立大学附属小中学校にも影響が及ぶのは間違いないし、私立校にまで波及するかもしれない。そうなれば、子どものニーズが多様化する今日、その受け皿となり得る教育の多様性は失われてしまう。

多くの人は、メディアが垂れ流す報道を鵜呑《うの》みにする。「そういう決まりだから」「政府がそう言っているから」という理由で、常識を問うこと、考えることを放棄する。そうやって人は思考停止に陥り、マニュアルに従うことが「正義」となり、社会そのものがマニュアル化されていく。

奈良教育大学学長が会見で謝罪した「法令違反」という言葉が、メディアに拡散され一人歩きする。そんなことがあったのか、そりゃひどいね、と。一方で、附属小の実践を知る者、今日の教育のゆくえに危機感を抱く専門家は声を上げる。

大阪大学の髙橋哲は、おかしいのは、学習指導要領の法的性質を「大綱的な基準」のみと限定した最高裁判決に反し、あたかも学習指導要領を法規のごとく扱い遵守させようとする文科省の方だと指摘し、千葉工業大学の福嶋尚子《しょうこ》は、「子どもたちの教育を受ける権利を十全に保障するには、子どもたちに相対する教師の教育権と教職員集団の自治が十分に確保されている必要があるということは、戦後日本の教育行政の大原則だったはず」と、今日の職員会議の形骸化に疑問を投げかける。[*23]

奈良教育大学は、附属小の現在の専任教員の約半数を、籍を残したまま出向させ、3年以内に復帰させるとの方針を打ち出している。しかし、上記のような指摘を鑑みれば、それらの教員の出向を阻止することをきっかけに、もっと大きな展望も見えてくる。

私たちは声を上げることで、学習指導要領の「大綱」としての法的位置づけと、目の前の子どもを中心に教育課程を柔軟に編成するために認められているはずの現場裁量の認識を、社会で広く共有する機会にしなくてはならない。そして、校長の権限を強め、教育現場における民主主義を奪った職員会議の形骸化にスポットライトを当てるチャンスにしなくてはならない。

「子どもが主人公」の学校をつくりたい……。そんな願いが広く共有されますように。そう願う教員が、処分されるのではなく、大事にされる社会でありますように。

【追記】

2024年4月、奈良教育大学は3名の教員の出向、2名の配転を強行した。同年6月、出向を命じられた3名の教員は、大学の設置法人である奈良国立大学機構を奈良地方裁判所に提訴。「奈良教育大附属小を守る会」[*24]などの有志が立ち上げた団体が支援している。裁判の行方に注目したい。

9　マニュアル化する社会の中で②『不適切にもほどがある！』

「おい、そこのメガネ！　練習中に水飲んでんじゃねぇよ！　バテるんだよ水飲むと！　けつバットだー！　連帯責任!!」

時は昭和61年（1986年）、中学教師で野球部顧問の小川は、地元では「地獄の小川」として恐れられる存在だ。選手がエラーしたら「うさぎ跳び一周」、体罰は「愛のムチ」、教室でもタバコスパスパ……。そんな主人公がある日バスを降りたら、令和6年（2024年）にタイムスリップしていた……。これがTBS系ドラマ『不適切にもほどがある！』の設定だ。

「意識低い系タイムスリップコメディ!!　昭和のダメおやじの『不適切』発言が令和の停滞した空気をかき回す！」という番組の宣伝文句通り、セクハラ、パワハラ、コンプライアンスなどという言葉すら聞いたことのない小川は、「不適切」発言を繰り返しては令和の人々をあきれさせ、正論を振りかざす相手には、「きもちわりぃ！」と吐き捨てる。

一方、サカエは、研究のためにタイムマシンに乗って、逆に令和から昭和にやってきた社会学者だ。体罰、セクハラ、パワハラ……。四方八方から浴びせられる「不適切」発言に驚愕し、正論で真っ向勝負する。昭和から令和へ、令和から昭和へ。半年にわたってタイムトラベルした二人の価値観はしだいに揺さぶられ、それぞれの「常識」が崩れていく。そして二人とも、元の時代に戻ってきた時には、それぞれの時代特有の生きづらさに気づかされるのだ。

昭和と令和、どっちが良い？という話ではない。また、『不適切にもほどがある！』というドラマに対して「不適切だ！」と正論を振りかざすような野暮なことはしたくない。ただ、昭和と令和、それぞれの時代特有の「生きづらさ」について考えてみたいと思う。

コンプライアンスという概念も、それによる規制も存在しなかった昭和を、「おおらかな時代だった」と評価する視聴者も少なくないと思う。ただ、言いたいことが言えたのは強者だけであり、弱者にとってはあからさまな差別に耐え忍んだ抑圧の時代だった。令和ではあり得ないようなわいせつ映像や差別表現が地上波で飛び交っていた時代。そう考えると、ＳＮＳを通じて一市民がネット上で「それダメでしょ！」と批判の声を上げられるようになったのは間違いなく前進だ。

一方で、SNSが幅を利かせる令和は、人々のコミュニケーションのあり方が根本から変わり、人が人として出会うことが難しくなった時代でもある。昭和から令和に戻ったサカエは言う。

「言いたいことはSNS。気に入らない相手はブロックっていう風潮。なんかモヤモヤ。私も昭和で変わってしまったのかしら」

匿名で無責任な言葉の暴力をネット上で繰り返す人たちも現れた。第8話では、バッシングを恐れ、いかなるリスクをも排除せざるを得ないテレビ局の苦悩が描かれた。番組を観てもいない関係のない人たちが、匿名で、自分の承認欲求を満たすためだけに、寄ってたかって個人を攻撃し、断罪する……。

人々が超多忙で、そのうえ情報過多の社会だ。だから「コスパ」（費用対効果）ならぬ「タイパ」（時間対効果）が重視され、誰かによって切り取られた情報がいとも簡単に拡散され、実体のない「世間」をつくりあげていく。

これは奈良教育大学附属小学校へのバッシング[*25]とも重なる。附属小に行ったこともない、生徒たちを見たこともない、教育の専門家でもない大勢の人たちが、一部メディアによって切り取られた報道を拡散し、附属小の指導は「不適切」と断罪した。当事者は、反論しようにも相手がいないのだ。「世間」の関心はすでに他の「不適切」事案に移っているのだから。

世代や価値観の違う人と本音で語り合えば、誰かを傷つけてしまうこともある。「差別的だ」「不適切だ」と批判を受けることもある。ましてや発言の一部が切り取られ、ネット上で拡散されるこの時代に、そのリスクは脅威だ。だから何も言えなくなるか、あたりさわりのないことしか言えなくなる。心の中で思っていても言えないモヤモヤが一人ひとりの間に蔓延《まんえん》し、それが社会全体の閉塞感となる。

コロナ禍でも、集団感染に対するバッシングを恐れ、社会全体が自粛ムードになった。さまざまな行事が中止され、外に出ること、人が集まることに対する世間の目は厳しくなり、「少しでもリスクがあるならやらない方がマシ」という、ことなかれ主義が広がった。ただ、行事や授業は止まっても、時間の流れは止まらない。そうして、多くの子どもや若者が、思い出もないまま学校を卒業し、一度しか来ない思春期を謳歌《おうか》できぬまま「社会」に押し出されていった。起こらないかもしれない問題を恐れて何もせず、実体のない「世間」に萎縮して口をつぐむ……。

正論を言っていれば叩かれることはない。そうして人々はマニュアルやガイドラインに身を委ね、思考停止に陥っていく。ドラマの台詞《せりふ》が私の頭の中にこだまする。
「あんたは、正しいだけで心がない」

註

＊1 「『危機に弱い社会』を作ってきた。新型コロナと新自由主義の帰結。稲葉剛さんインタビュー①」望月優大 note、2020年4月13日。https://note.com/hirokim/n/n5d1102fe799c

＊2 CNN記者、ウィル・リプリーのX（旧ツイッター）への投稿（2020年5月3日）。https://twitter.com/willripleyCNN/status/1256766368751460355?s=20

＊3 「コロナ解雇、雇い止め7万人に　増加勢いやや鈍化、厚労省」共同通信、2020年11月9日。https://www.47news.jp/5472756.html

＊4 「先月の自殺者　去年より40％増加　女性が大幅増　コロナの影響も」NHK、2020年11月10日。https://www3.nhk.or.jp/news/html/20201110/k10012704501000.html

＊5 大江健三郎『芽むしり仔撃ち』新潮文庫、1965年、p.96

＊6 大田堯・山本昌知『ひとなる—ちがう・かかわる・かわる』藤原書店、2016年、pp.30-31

＊7 現在は「主体的・対話的で深い学び」と呼ばれている。

＊8　Chomsky, N.（1998）*The Common Good.* Berkeley: Odonian Press. p.43.
＊9　Greene, M.（1995）*Releasing the Imagination: Essays on Education, the Arts, and Social Change.* San Francisco: Jossey-Bass. p.1.
＊10　大田堯『教育とは何か』岩波新書、１９９０年。
＊11　同右、pp.7-15
＊12　大藤ゆき『児やらい』岩崎美術社、１９６８年、pp.2-3
＊13　大田・山本、前掲書。
＊14　教育の境界研究会編『むかし学校は豊かだった』阿吽社、２００９年。
＊15　同右、p.7
＊16　中井由梨子『20歳のソウル』幻冬舎文庫、２０２１年。
＊17　同右、p.263
＊18　鈴木大裕「結果責任の支配―カリキュラム・スタンダードからパフォーマンス・スタンダードへ」『世界』２０１７年3月号。
＊19　高知県児童詩研究会企画・編集『やまもも　高知県こども詩集』第20集、高知新聞社、１９９６年。
＊20　斉原まさと「先生」、高知県児童詩研究会企画・編集『やまもも　高知県こども詩集』第７集（高知新聞社、１９８３年）。
＊21　「教職員の児童・生徒への性暴力を防げ!…『生徒と教師の恋愛禁止ポスター』を東京都教育

委員会が作成　これを貼らなければいけないのが〝ジェンダー後進国〟日本の現在地」ABEMA TIMES、2023年7月4日。https://times.abema.tv/articles/-/10086169

＊22　奈良教育大学付属小学校編『みんなのねがいでつくる学校』クリエイツかもがわ、2021年。

＊23　「先生方、子どもたち、保護者へのエール」「奈良教育大附属小を守る会」ホームページ。https://www.kodomonomahoroba.com/forum/xian-sheng-fang-zi-domotati-bao-hu-zhe-nominasamahenoeru

＊24　「奈良教育大附属小を守る会」ホームページ。https://www.kodomonomahoroba.com

＊25　鈴木大裕「〜マニュアル化する社会の中で：奈良教育大附属小学校『不適切指導』事件〜」「先生が先生になれない世の中で（31）」大月書店 note、2024年3月8日。https://note.com/otsukishoten/n/n2b3a4b5c9ec6

第5章　「教師というしごとが私を去っていった」

――教育現場における「構想」と「実行」の分離

1　教育現場における「構想」と「実行」の分離

経済の危機が学校のせいにされ、コンピューター教育など、経済界のニーズに応えることがいつしか教育の目的となり、教員がそれまで培ってきたスキルは価値を失い、「良い先生」像も変化してゆく。多忙化に追われる教員たちは一日の苛烈なスケジュールを乗り切るために、企業によってパッケージ化されたカリキュラムに依存するようになり、自らの仕事に対するコントロールを失った彼らは、強い疎外感に苛《さいな》まれ、教員としてのプライドを失っていく……。

これを読んだあなたは、何を感じただろうか。実はこれ、日本の話でも、ましてや今日の話でもない。アメリカを代表する教育社会学者であるマイケル・アップルらによって、1990年に発表された論文[*1]に描かれているアメリカの教育現場の姿だ。

1990年といえば、1983年の報告書『危機に立つ国家』を機に、アメリカ全土が教育に市場原理を取り入れ、国の競争力を高めようとしていた時代だ。そうしてアメリカは公教育の市場化に邁進していくわけだが、実に30年以上も前に書かれたこの論文を、私は奇妙な新鮮さを持って読み返した。

私がそれを掘り起こすきっかけになったのは、斎藤幸平の『人新世《ひとしんせい》の「資本論」』の中で、労働プロセスにおける「構想」と「実行」の分離というマルクス主義の概念に出会ったからだ。資本主義の発達は、大量生産による利益追求へと人々を導いていったが、それを可能にしたのがこの「構想」と「実行」の分離であった。商品の構想の段階から完成まで、生産過程の全てを担っていた職人から、構想が取り上げられ、一連の流れであった彼らの仕事は徹底的に分析、細分化され、誰でもこなせる単純労働へと変貌し、職人は現場裁量だけでなくスキルもプライドも失っていく……。

自分が大学院時代に、教員の deskilling（スキルを失っていくこと）について調べたことを思い出した私は、昔のデータを掘り起こし、冒頭の論文と再会したのだ。「この単元は教員じゃなくても教えられる」という教員の言葉をタイトルに用いているその論文は、教育現場が経済界の求める人材育成を強いられる中で、本来「複雑な労働プロセス」であるはずの教職が、合理化と標準化の歴史を歩んできた他の職業と同様の圧力にさらされたことを指摘する。

そして、まさにその論文には、労働プロセスにおける「構想と実行の分離」という言葉が明記され、１９８０年代のアメリカの教育現場ですでにそれが起こっていたことが綴られていたのだ。『崩壊するアメリカの公教育』の中で、アメリカは日本の新自由主義教育改革の20年、30年先を行っていると主張してきた私だが、今回改めて驚かされることになった。

10年前、私が大学院生時代には気にも留めなかったこの「構想と実行の分離」という概念が、今になってこんなにも気になるのは、きっとＧＩＧＡスクール構想による一人一台タブレットの導入が進み、企業によってパッケージ化された、操作さえ覚えれば誰でもすぐに教えられるような授業コンテンツが、子どもたちの教室にすごい勢いで入ってきているからだろう。大事なのは、一見便利な教育テクノロジーのイノベーションが、実は教員からスキルを奪い、教員を代替可能な肉体労働者へと変えつつあることだ。

以下は、教育現場における「構想」と「実行」の分離について私が行った講演後に寄せられた、ベテラン教員の感想だ。

ＩＣＴで、「スカイメニューというソフトを使用して授業を行えば、机間指導をしなくてよいので、教師の負担が減り、働き方改革になる」と32歳の研究主任がプレゼンしました。昭和に教員をスタートした私は、机間指導をしながら、虐待やいじめなどはもちろん、子どもの小さな変化を見取り、寄り添ってきたので、とても違和感があります……古い教師は去れと言われているような気がしました。こうして、多くの同期は、ICTが入るたびに離職しました。ますます、ベテラン教員の離職は進むような気がします。

全国を講演で回ると、最近はこのような声を多く聞く。先日も石川県のベテラン教員の、「私、コンピューターに弱くてみんなの足手まといなんです。だから早期退職しようかと思って……」という悲痛な声を聞いたばかりだ。一人一台タブレットのGIGAスクールの時代では、教員が机間指導しながら生徒のちょっとした変化を見取るスキルも失われていくのだろうか。

2 教育目的が再定義され、教師が疎外されていった

1983年の『危機に立つ国家』以降、国を挙げて教育の合理化と標準化の道を突き進

んできたアメリカだが、1990年に出版された論文で、アメリカの教育現場における「構想」と「実行」の分離について考察したアップルらは、「何のための教育なのか？」の定義が変われば、当然「何が良い教えなのか？」も再定義されると指摘する。そして、そのような教育目的の再定義は、日本でも確かに起こってきた。

2004年、日本が常に上位にいたOECDの学習到達度調査（PISA）で急に失墜した、いわゆる「PISAショック」で、「脱ゆとり教育」や「グローバル人材の育成」が叫ばれるようになった。「PISA型学力」の追求に加え、40年以上行われていなかった全国学力テストが復活し、「学力向上」を掲げた業務の効率化が進み、「学習スタンダード」や「ゼロトレランス」の名の下に授業や生徒指導のマニュアル化が広まった。

また、「何を学ぶのか」というカリキュラムの基準であったはずの学習指導要領は、「何ができるようになるのか」というパフォーマンスの基準へと姿を変えた。*2 教育条件整備の一環として、学びのインプットの基準だけを定めていたはずの政府は、学習指導要領の改訂によって、学びのアウトプット、つまり学習到達度の基準を定める役割を手に入れた。その結果、政府は教育現場を評価し、教員に結果責任を求める主従関係の強化に成功したのだ。

それはまさしく、学校教育における「構想」と「実行」の分離の表れだった。「指導方法、教材、テスト、そして結果はますます、それを実行しなければならない人々の手から奪われている」[*3]というアップルらの指摘には、教室において保障されていた教員の自由が、徐々に教員の手を離れていったアメリカの社会的背景がある。しかも30年以上前からだ。今日では日本でも当たり前となったスクールカウンセラーやスクールソーシャルワーカーはもちろんのこと、アメリカでは授業計画の作成を専門とする「カリキュラムスペシャリスト」なる職も設けられているし、テスト産業も教育現場に深く食い込んでいる。テスト会社との契約で、教員が自ら作成した期末試験やクイズなど、テスト会社が作成した以外のいかなるテストの実施も禁止している地域もあるほどだ。

アップルらは、「疎外感とバーンアウトを生み出すのに、労働におけるコントロールの喪失以上に有効な方法は他にない」と指摘している。[*4]大事なのは、日本で注目されがちな教員のバーンアウトに加え、教員が労働に対して感じる疎外感というもう一つの概念が紹介されていることだ。これは、マルクスの労働観と深く関係している。

本来、マルクスにとって労働は「忌避すべきもの」では全くなかった。「むしろ、『労働が魅力的な労働、言い換えれば個人の自己実現であるための主体的および客体的な諸条件』を獲得し、創造性や自己実現の契機になることを、目指していた」と斎藤幸平は指摘している。[*5] その上で、斎藤は、現代を生きる私たちに向けてこうも問うている。

労働はもっと魅力的で、人生はもっと豊かであるべきなのではないか。このマルクスの問いは現代にもあてはまります。へとへとになるまでつまらない仕事をして、帰宅してからは、狭いアパートで、コンビニの美味《うま》くもないご飯をアルコールで流し込みながら、YouTubeやTwitterを見る生活はおかしいんじゃないか。そして何より、「月曜日が憂鬱」、「日々の生活がしんどい」という感覚は、私たちの実感に合致するのではないでしょうか。[*6]

教員はどうだろうか。教員は月曜日を楽しみにしているだろうか。どれだけの教員が、「早く子どもたちに会いたい」と感じているだろうか。教員の働き方改革は、業務や勤務時間の削減という単純な問題ではないのだ。

3 「教師」というしごとが私を去っていった

私が教職を去るのではない。
「教師」というしごとが私を去っていったのだ。

40年のキャリアを持つアメリカのあるベテラン教師は、教育長と教育委員会に宛てた辞意表明の中にそう書き残して教壇を去っていった。自分の人生と情熱を注ぎ続けた教師という仕事に対する愛情、そして感謝と同時に、失望と、怒りと、深い悲しみに満ちたその手紙は、アメリカの有力紙でも紹介され、全米の教育関係者の共感を呼んだ。[*7]

2002年の「落ちこぼれ防止法」施行以降、アメリカは国単位で公教育に市場原理を取り入れ、学力標準テストで学校や教師を競わせることで、点数を軸にした教育の徹底管理を進めてきた。テスト対策に特化した塾のようなスパルタ式の公設民営学校（チャータースクール）が貧困地区に増え、それらの学校は従来の公立学校を次々と廃校に追いやり、中にはフランチャイズ展開するものや、AIの導入によって早く安く効率的に生徒の点数を伸ばそうとするものまで登場し、効率化追求にともなう教育の貧弱化が懸念されるようになった。

従来の公立学校でもテスト対策に重きが置かれるようになり、教員は、成績を伸ばすためのＰＤＣＡサイクルが求める資料作りに追われ、教材研究をする余裕もなくなった。そのような流れを嫌い、経験も力量もある数多くのベテラン教師が、子どもにのびのびとした全人教育を求める富裕層が多く住む郊外へと逃げていった。結果、最も教育的ニーズの高い貧困地区の子どもを、若い新米の教員が教えるという不幸な状況が生じた。それに対応できるよう、経験のない教員でも教えられるように学習スタンダードを駆使した授業のマニュアル化が進み、生徒指導は「ゼロトレランス」の名の下に事務的な作業へと切り替えられていった。

教育現場からは創造性、イノベーションや学問の自由が失われていった。効率化の名の下に、カリキュラムも、教材も、アクティビティまでもが教育委員会が採択したパッケージで教師に配付されるようになり、教師によるオリジナルのテストは消え、生徒の評価は数値化されることで担任の手から離れていった。そのような流れにともない、不幸にも数多くのベテラン教師が抗議の辞意表明をネット上で公開し、教壇を去っていったのもうなずける。

日本においても、全国学力テストとその成績開示を利用した競争主義と、数値化による教育の徹底管理が進んだ。それに加え、２０２０年の学習指導要領の改訂によって、教育現場における「結果責任」の支配が始まった。また、結果が出るのが遅過ぎて日々の教科指導に反映できないと批判されてきた全国学力テストは、２０１８年から結果報告が前倒しされ、調査結果を授業に反映させることで点数向上を図るＰＤＣＡの本格的な導入と学級単位でのマイクロマネジメントが始まった。

「教師」というしごとが私を去っていった……。日本でもあの言葉に共感する教員は、すでにたくさんいるのではないだろうか。世間では、世界一忙しいと言われる日本の教員の働き方改革が叫ばれているが、ふと考える。真に守るべきは、教師というしごとそのものなのではないだろうか。

（『クレスコ』2022年6月号）

4　M先生

私が日本に帰国して8年が経とうとしているが、国が進める「働き方改革」は誤った方向に進む、という当初の予感は確信に変わった。この数年で、教員の業務量や勤務時間は確かに減ったのかもしれない。しかし、それだけでは教員が抱える息苦しさの部分的な解消にしかならない。教員の過重労働は緩和されても、「教師というしごとが私を去ってい く」という、かつてマルクスが指摘した労働からの「疎外」の解消にはつながらないのだ。

先述の、「疎外感とバーンアウトを生み出すのに、労働におけるコントロールの喪失以上に有効な方法は他にない」というアップルらの指摘には、実は続きがある。論文が発表された1990年、アメリカでは教員の「バーンアウト」が社会問題化していた。しかし、アップルらは、激務によって教員が「燃え尽きる」という、当事者の精神的な問題としての「バーンアウト」だけがクローズアップされ、教育現場における自由裁量の剝奪が教員に疎外感を与えているという、構造的な問題が覆い隠されてしまっていることを「とても残念」[*8]と嘆いているのだ。多忙化による過労は確かに存在する。しかし、勤務時間の削減だけでは、週末でも「早く子どもたちに会いたい」と教員が感じるようにはならない。

しかし、そもそも業務の効率化による多忙化の解消と、教員の労働からの疎外感の解消は、同時に追求できるのだろうか。不可能ではない。ただ、それには教育の目的の問い直しが不可欠だ。

先日、ある退職教員が書いたコラムが「高知新聞」に掲載されていた。

コロナ禍の影響で不登校が増えた。生徒の不満やストレスがたまり、授業が困難な学校もあるという。

昔、中学校の生徒指導で苦労した頃を思う。荒れる生徒に指導するすべを失い、「ここは教師の墓場か」と嘆いたり、「この学校では、人殺し以外は何でもあるぞ」と放言したりする同僚もいた。

そんな中、「愛してやればいいのよ。ただ、それだけ」。M先生の言葉が心に残る。

生徒が「くそババア」と悪態をつけば、M先生は「あんたも、やがてくそジジイになるぞ」とやり返す。明るい応答は生徒の心をほぐし、人への肯定感を生みだした。

生徒の言動に傷つくこともあっただろうが、M先生がたじろぐことはなかった。時には厳しく、時には優しく。生徒は「生身」のぬくもりを感じ、反発しながらも教師という存在を受け止めていった。

自分の言葉を持たず、通り一遍の価値観を押し付けてくる軽薄な教師を、荒れた子どもは一瞬にして見抜く。薄っぺらな見せかけの愛は攻撃対象だった。生徒指導は、己の人間修行だと思い知らされた。

困難な時こそ、人間を深く理解する必要がある。豊かな愛を育む学校であれ。M先生のような教師と多く出会うことで、救われる生徒がいる。[*9]

今年49歳になる私が、生徒として、そして中学校教員として経験したのも、こんな人間臭い学校だった。そこには人としての成長にともなう痛みや葛藤、そして喜びがあり、M先生のような職人的な先生が確かにいた。

しかし、そんな職人たちが今では絶滅危惧種となりつつある。生徒の心をつかむことに長《た》けていてもテクノロジーに弱いベテランが、管理職に評価されずに現場を去っているからだ。先述したように、教育の目的が政治によって歪められることで、「良い教え」の定義が変わってきたのだ。

今日の学校教育は、教育基本法に定められた目的である、「人格の完成」の追求に恥じないものだろうか。豊かな愛を育み、人を育てる学校であれ。それと関係ない業務は極力削減し、M先生のような教師たちが、自由に、そして生き生きと活躍できる場所であれ。

5 「多忙化の解消」という罠

教員の労働環境を蝕《むしば》む最もわかりやすいものの一つは、多忙化だ。[*10] その症状はたくさんあり、トイレへ行く、コーヒーを飲む、またはリラックスする時間さえもないという些細なものから、自分の専門分野もままならないほどの時間の完全なる欠如などの入り組んだものまである。私たちは、時間の経過とともに悪化してきた慢性的な多忙感に、最も鮮明にそれを見ることができる。やるべきことはどんどん増え、手持ちの時間はますます減るのだ。これはたくさんの結果をもたらした。
目の前にある喫緊の課題のために「不可欠」なことだけをこなすよう、多忙化は人々を「手抜き」へと導く。そして、何をすべきか教えてくれる「専門家」に人々を依存させ、長年培ってきたはずの自分たちの専門性を疑い始めるよう仕向けるのだ。そのプロセスの中で、質は量の犠牲となり、良い仕事はやっつけ仕事と置き換えられる。

これは、この章の冒頭で紹介したアップルらによる論文の一節で、1990年にアメリカで発表されたものだ。[*11] 学校ではできる限り省エネで過ごし、面倒くさいことは専門家の言う通りにして、とにかく1週間を乗り切ることだけを考える……。そんな当時のアメリカの教員の姿に、今の自分を重ね合わせて読んだ日本の教員も多いのではないだろうか。

執筆者のアップルらは、ボタンさえ押せば誰にでも教えられるほど便利にパッケージ化されたカリキュラムを、なぜ大半の教員らが違和感を覚えつつも積極的に受け入れていたのかに着目し、こう指摘する。「教員が抱える仕事量の現実の中に位置づけずに、この対応を理解することはできない」。面白くもなく、教員の出る幕さえも奪う自動カリキュラムの積極的な導入は、少しでも楽になりたいという教員の気持ちの表れだったのだ。
しかし、激務から解放されたい教員が、多忙化の解消を求めるあまり教育現場における「構想」と自らの専門性を喜んで手放している姿は、皮肉としか言いようがない。業務効率化や生産性向上の名の下に降りてくる便利な「イノベーション」や、従来業務の外注が増えれば増えるほど、教員は長年培ってきたさまざまなスキルを失い、代替可能な「使い捨て労働者」になっていくのだ。

多忙化の解消だけに囚われた「働き方改革」は、今日の教員が抱える息苦しさの本質的な解決にならないどころか逆に危険――それがこの間「教育現場における構想と実行の分離」という概念と格闘してきた私の結論だ。

かつてマルクスは、資本家によって職人から「構想」が奪われ、業務の効率化によって職人は単純労働の「実行」ばかりを強いられるようになり、大量生産が可能になったことで多忙化が進んだと指摘した。[*12] この順番は大事であるように思う。つまり、構想と実行の分離があってこその多忙化であって、その逆ではない。そもそも、職人が構想をがっちりと握っていれば、多忙化という現象は起きていなかったはずなのだ。また、多忙化を解消したからといって構想と実行が再び結合するわけではなく、それどころか教員の多忙化解消のために構想が犠牲にされ続ければ、その先に待ち受けるのは、教職の超合理化、教員の「使い捨て労働者」化、そして公教育の民営化だ。

先述した埼玉教員超勤訴訟（93ページ）のように、多忙化の解消を切り口にしてもよい。むしろ、少しでも教育にお金をかけたくない日本の政府を議論の場に引きずり出すにはその方が効果的かもしれない。しかし、裁判所は、教員の仕事は特殊であり、授業や校務分掌など校長の指揮命令下で行われる業務と、授業準備や生徒の相談対応などの教員による「自発的な行為」とを区別し、原告が授業の準備等に費やした「空き時間」を、労働基準法上の「労働時間」に該当しないという解釈を第一審で出している。これこそが、教育現場における「構想」と「実行」の分離の象徴であり、この解釈のもとで「多忙化」の解消を目指すことは、「構想」の放棄とも言える。

埼玉教員超勤訴訟でも、最終的に目指すべきは、あくまでも訴訟を起こした田中まさおさんの言う「リセット」[*13]の先であり、行政と学校との主従関係の解消と教育現場における構想と実行の結合、そして教員の自由裁量を取り戻すことなのではないだろうか。

6 「副業先生」!?

新自由主義の理想を追い求め、公教育に市場原理を徹底的に導入した場合、「教員」の存在とその仕事はどのように変化するだろうか。その行き着くところは、教員の非専門職化、さらには「使い捨て労働者化」ではないだろうか。[*14]

2016年、『崩壊するアメリカの公教育』の中で私が発した日本への警告が、残念ながらまた一つ、現実のものとなりつつある。「発展途上国からの『教員輸入』と使い捨て教員」と名づけた章の中で、私は教員派遣という「ビジネス」について書いているが、冒頭の文章はそこからの一節だ。[*15]

また、『クレスコ』の2019年5月号でも私は、教員不足に便乗した「教員市場」の形成と公教育のさらなる新自由主義化に警鐘を鳴らしている。「今後、欠員教員を埋めるための議論が活発化する中で、国は教職の非専門職化と教員の『使い捨て労働者化』を加速させる危険はないだろうか」、また教員不足と言っても、いざ新自由主義的な視点に立てば、「日本の教員市場がようやく熟した」という見方になることを、私たちは意識しておいた方がよい、と。[*16]

そして今、日本では「副業先生」という言葉がジワジワと浸透し始めている。背景には、すでに社会問題となっている教員不足を、特別免許状を駆使した民間人の登用で補おうとする政府の思惑がある。実際、2022年4月には、末松信介文科大臣が教員不足の解消に向けた特別免許状の「積極活用」を促す事務連絡を全ての都道府県教育委員会に発出している。[*17]日本の教員市場が熟したのだ。

特別免許状、つまり特例であるはずの免許状を、すでに常態化している教員不足の解消に用いることには深刻な危険がある。「いかに教員不足を補うのか？」は応急措置的な問いに過ぎない。長期的により大事なのは、「なぜ教員がこんなにも不足しているのか？」という問いであり、そこを問わずして次々と非正規免許しか持たない教員を現場に送り込んでも、問題の本質的な解決にはならない。

では、教員不足の原因はどこにあるのか？　慶應義塾大学の佐久間亜紀は、2000年代の小泉政権下で始まった地方分権改革と規制緩和による正規雇用教員の削減と非正規教員への依存こそが最大の原因と指摘する。2001年の義務標準法の改定は、それまでは生徒40人に対して1人の正規雇用教員の配置が義務づけられていたが、それを複数の非正規雇用教員で分割可能にした。

2004年の義務教育費国庫負担制度への総額裁量制の導入は、教職員給与費の総額範囲内であれば教員の数・給与・待遇を自治体が決められるように規制を緩和した。2006年には、公立学校教員の給料の国庫負担が2分の1から3分の1に削減されたため、多くの自治体が非正規教員を雇用することで教員の数を揃えることを優先した。こうして、正規教員の数と給料が減る反面、非正規教員が激増していったのだ。[*18]

非正規教員は教員採用試験に受からなくても教壇に立てる反面、給料も安く、それだけで生計を立てることは難しい。教壇を去る心理的ハードルも低く、離職率も高いため、出入りの激しい「回転ドア」の図式がそこに生まれる。つまり、非正規教員への依存こそが、教育現場から持続可能性を奪ったのだ。「教員不足」という問題は、新自由主義的な政府による度重なる規制緩和によって作り出されたものだ。それを今、さらなる規制緩和で解決しようとする姿には、悪意すら感じられる。

政府は、2007年の教育職員免許法の改定で免許取得条件を厳格化し、さらには教員免許更新制度まで導入。このように、正規のルートで教員を目指す者への締めつけによって教員不足を加速させつつ、他方で「副業先生」をどんどん現場に送り込もうとする政府のダブルスタンダードを、私たちはどのように理解したらよいのだろうか。

大事なのは、終身雇用資格の剝奪や正規公務員から非正規契約雇用への切り替えといった、教員の身分保障の脆弱化はもはや世界的な傾向となっているということだ。[*19]「副業先生」を増やすことで教職のさらなる非正規化と時間労働者化は避けられない。教員免許は、持っていれば「良い教員」というわけではないが、教員として子どもたちの前に立つための最低限の保証だ。「特別免許状」の交付に、そして教員の非正規化に、いったいどこで歯止めをかけるのだろうか。

7　誰もが教員になりたがる社会の実現を目指して

1980年代、瀕死だったアメリカの大手自動車会社クライスラーを立て直した伝説の経営者、リー・アイアコッカがこんな言葉を残している。

「真に理性的な社会では、最も優秀な人間が教員になって、他の人間はその他の職業で我慢するしかない」

残念ながら、私たちが生きるこの日本は、アイアコッカが切望した「真に理性的な社会」からは程遠い。

高校から大学院まで計8年のアメリカ留学を経て、帰国後に通信教育で2年半かけてやっと免許を取得して教員になった私に、人々は繰り返し同じ質問をした。

「何で教員になったの?」

もっと良い仕事に就けただろうに……。一様に驚く人々の反応は、日本という国が、教員が尊敬されない社会であることを物語っていた。それと比べ、フィンランドでは教員の社会的地位が高い。そもそも大学院を出ていないと教員になれず、教員採用試験も狭き門だ。給料も待遇も良く、フィンランドの高校生の間で人気ナンバーワンの職業が教員だという。そんな環境で学ぶことのできる生徒は、きっとスポンジのように教員から知識を吸収するだろう。「教員の社会的地位の向上なしに日本の教育改革はあり得ない」。私が6年半の教員生活にピリオドを打ち、研究者の道を目指したのはそんな理由だった。

政府は特別免許状の「積極活用」によって、いわゆる「副業先生」をどんどん現場に送り込むことで教員不足を解消しようとしている。私は、特別免許状が必ずしも悪いとは思っていないし、逆に正規の教員免許を持っている人間が必ずしも良い教員だとも思っていない。私自身、教員になったのは28歳の時だった。それまでに得たさまざまな経験は教員として確実に役に立ったし、人々が第二の人生として教員を目指し、多様な人々に子どもたちの教育に携わってもらうのは好ましいことだと思っている。ただ、特別免許状の乱発による教員不足の解消が、問題の本質的な解決につながらないことは前項で書いた通りだ。

それにしても、なぜこのような発想が生まれるのだろうか？　その背景には、貧弱な教育観に基づくいくつもの前提がある。

1　教員免許は必要ない。教科に関する専門知識さえあれば誰でも教えられる。子どもを教えるにあたり、教職課程で勉強するような子ども理解や指導に関する教育学的な知識は必須ではなく、民間企業における経験でカバーできる。

2　授業をするにあたり、指導者が生徒の名前や特性を知っている必要はない。そして、生徒は信頼関係のない大人の話でも真面目に耳を傾け、授業を受けることができる。

3　年間を通じて、複数の個人で教科指導を分割しても指導の一貫性や評価に支障はなく、生徒の成長を正当に評価できる。

4 授業時数さえカバーできれば、子どもの学習権は保障できる。

5 特別免許状を乱発しても、教員の質は担保できる。

もちろん、どれも間違っている。もし、授業を通して知識の伝達をするだけでよいのなら、確かに教員免許は必要ないのかもしれない。ただ、それなら学校と塾との違いがわからなくなる。教育基本法が定める教育の目的は「人格の完成」であって、だからこそ学校にはさまざまな行事や課外活動が設けられており、生徒の人としての成長を促す機会がある。それらを含めたさまざまな活動を通して初めて子どもの学習権が保障されるわけであり、教科指導に関する専門的な知識だけではどうにもならない。生徒一人ひとりの特性、長所、そして課題を見極め、年間を通して彼らの成長を見届ける「担任」が必要なのもそのためだろう。

日本における教員の社会的地位を高めることが必要だと思うか？　もし、この問いに対する答えがイエスならば、フィンランドのように教員志望者に高度で専門的な教育を課すと同時に給料を上げ、その専門性と現場での自由裁量を尊重し、多くの人々が「教員になりたい！」と思える労働環境を整えることを目指すべきだろう。それなのに、「教員の仕事は片手間でやれる」というメッセージを送りかねない特別免許状の乱発は逆に危険だ。

確かに、日本の教員不足は猫の手も借りたいほど深刻だ。だから保護者や地域の人々が交替しながら教室に入ればどうか、という意見も出てくる。応急措置としてはやむを得ないのかもしれない。しかし、大事なのは、これらの議論が新自由主義的な文脈の中で行われていることであり、長期的なビジョン、そして貧弱な教育観の克服なしには、いつしか教員派遣が純粋な「ビジネス」となり、利益追求の中で教育的な理念を失っていく可能性が高いということだ。そうなれば「効率性」の追求に歯止めが利かなくなり、ＩＣＴを用いた遠隔での一斉授業、タブレットなどに依存し切った「個別最適化学習」、そして教員の削減へと向かっていくのだ。

片手間でもよければ教えたい、という教員はいらない。私たちが本当に必要とするのは、「子どもたちを教えることが私の夢」という人間ではないのか。誰もが教員になりたがる社会の実現ではないのか。

8　そして職人が消えていった

「法隆寺最後の宮大工棟梁《とうりょう》」と呼ばれた故西岡常一《つねかず》が住んでいた奈良県斑鳩町《いかるがちょう》の西里《にしさと》（現法隆寺西1丁目）は、法隆寺に仕える職人たちの村だった。彼らの生活は保障され、彼らは法隆寺を守っていた。日頃から法隆寺を見て回り、どこか悪いところがあれば自ら直す。それが法隆寺に仕えるということだった。仕事がない時には農業をしつつ、常に寺のこと、先のことを考え、良い木があれば何年も乾燥させて次の修理に備えていた。

昔、宮大工の棟梁は、木を買わずに山を買っていたと西岡は言う。自ら山を歩いて見て回り、一本一本が育っている環境をじっくり見るためだ。陽《ひ》の当たり方、水源、風向きなど、異なる環境で生き抜くために、木々は独自の癖を身につける。だから癖は生命力の表れであり、使い方次第ではとてつもない強さを発揮することを、昔の宮大工棟梁は知っていた。逆に、癖のない素直な木は弱く、耐用年数が短いことも。そうして昔の宮大工棟梁たちは熟練のまなざしで木々の癖を見抜き、それに合わせた使い方をしたり、組み合わせたりすることで「木を生かす技」を受け継いできたのだ。

そんな彼らの生活は明治維新の廃仏毀釈《はいぶつきしゃく》で一変、食べていくことすらできなくなった。[20]

その後、急速に分業が進み、設計、積算、材木の調達、組み立てなど、最初から最後まで職人が担っていた建築の工程は分業され、単純労働化と機械化が進むことで大量生産が可能になった。時間をかけて本当に良いものを一つ作るのではなく、長持ちはしないが安いものを速く大量に生産する資本主義の時代が来たのだ。職人は生きる場所を失い、やがて消えていった。

手間と時間をかけない機械任せの便利な社会は、生き物を生き物として扱わない社会でもある。「私らが相手にするのは檜《ひのき》です。木は人間と同じで一本ずつが全部違うんです。それぞれの木の癖を見抜いて、それにあった使い方をしなくてはなりません。そうすれば、千年の樹齢の檜であれば、千年以上持つ建造物ができるんです。これは法隆寺が立派に証明してくれています[*21]」

西岡は、宮大工と大工の一番の違いは、心構えにあると言う。大きな建物、ましてや仏様が入る伽藍《がらん》を建てることの心構え、樹齢1000年の木の偉大さや尊さを知っている職人ならではの心構えがある。1000年は生きる建物を造れますように。今度は伽藍の一部としてこの木が命をまっとうできますように。自分の精一杯の仕事ができますように。[*22]

生命を相手にするのだから「絶対」はあり得ない。力を尽くし、祈るだけ。それ以外、何ができよう。

最先端のテクノロジーを駆使しても、1300年以上前の飛鳥《あすか》時代の職人たちが造った法隆寺を超えることはとうていできない、と西岡は断言する。それは、古代建築を扱ってきた職人に受け継がれてきた技や知恵は、彼らだけの「手の記憶」*23だからだ。それは数値では表せず、言葉にすらできない。コンピューターに教え込む術《すべ》がないのだ。西岡は断言する。職人の仕事は機械やコンピューターでは代われない。

ほんとなら個性を見抜いて使ってやるほうが強いし長持ちするんですが、個性を大事にするより平均化してしまったほうが仕事はずっと早い。性格を見抜く力もいらん。そんな訓練もせんですむ。それなら昨日始めた大工でもいいわけですわ。(中略)そして逆にこんどは使いやすい木を求めてくるんですな。曲がった木はいらん。捻《ねじ》れた木はいらん。使えないんですからな。そうすると自然と使える木というのが少なくなってきますな。それで使えない木は悪い木や、必要のない木やというて捨ててしまいますな。これでは資源がいくらあっても足りなくなりますわ。そのうえ大工に木を見抜く力が必要なくなってくる。必要ないんですからそんな力を養うこともおませんし、ついにはなくなってしまいますな。木を扱う大工が木の性質を知らんのですから困ったことになりますわ。[*24]

この描写が、今日の教育政策に対する痛烈な風刺に見えるのは私だけだろうか。「個性を大事に」と掲げつつ学力テストで子どもたちの違いを削ぎ落とし、学習スタンダードによる授業の画一化で教員の自由を奪い、規律に従えない子どもはゼロトレランスで排除し、操作さえ覚えれば誰でも授業ができるオンラインコンテンツで教員の脱技能化を進め、教員不足は特別免許状を乱発して「即席教員」で穴埋めする……。「早く安く効率的に」を求める資本主義が職人を必要としなくなったように、「グローバル人材」の大量生産を教育の目的とする社会は、そもそも「先生」を必要としない。もし、人類が本気で「地球の持続可能性」を目指そうというのなら、まずは私たちが自然の中に生かされているという原点に立ち戻ることだ。大田堯が言い続けたように、教育を生命の営みの中でとらえ直すことだ。

前章で紹介した、千葉県船橋市立船橋高校吹奏楽部の定期演奏会で、かつて部長を務めた卒部生がこう言っていた。

「先生は私の知らない私を教えてくれる」

生命は、一人ひとり全く違う子どもの癖を見抜き、無限の可能性を引き出し、その子が命をまっとうできるよう生涯にわたって心の支えとなる……。そんな先生がいま求められている。

9 抗うべきは「常識」

「構想」と「実行」が分離される今日の教育現場で、私たちは何に、どう抗えばよいのだろうか。そのヒントを見つけるべく、2022年10月下旬、私は自分の恩師が校長を務める千葉市の公立中学校を訪れた。そこで私が目にしたのは、常識に抗う異端の校長と、彼のもとで生き生きと子どもとかかわる教員たちの姿だった。

1週間の視察を終え、私が思うのは、校長の姿勢次第では「構想」と「実行」を結合できるということだ。そのやり方はシンプルで、管理職が管理の手綱を放すことだ。子どもたちの成長のために、教員がやりたいことを自由にやれる環境をつくることだ。

「校長先生、○○やってもいいですか？」という教員たちのお願いに対して、その校長の答えは決まって「オーケー」から始まる。そうは言っても、まだまだコロナ禍の収束が見えない状況下でのことだ。校長は次に、「でも、どうやったらできる？」と実現に向けた分析と工夫を促す。感染症対策や生徒の安全の確保、保護者の理解、予算、その他実現に必要な物や時間……。具体的に考える中で、教員がやり方を軌道修正することや、実現に至らないこともある。

でも、驚くことにこの学校は、2020年に北陸への修学旅行を実現している。2020年といえば、新型コロナウイルスが国中をパニックに陥れていた時期だ。修学旅行実現の背景には、楽しみにしていた3年生たちの願いを叶《かな》えたい、という学年主任の熱意があった。

当時は人々が未知のウイルスの恐怖に包まれていた時期だ。もちろん教育委員会も簡単に認めるわけがない。感染防止対策をめぐって、校長指導のもと、担当者は何度も何度も委員会とやり取りをした。

学校から東京駅までは人も多く、電車の使用は禁止と言われ、貸切バスに変更した。東京駅に着いても、新幹線乗り場まであまりに人が多過ぎるのでダメと言われ、比較的混雑のない埼玉県の大宮駅までバスで行くことにした。新幹線では車両を貸し切ることで一般の乗客との接触をなくし、生徒たちの飲食も禁止にした。コロナ禍の不況に苦しむ旅行業者も、実現に向けてできる支援は惜しまなかった。

結果、4ヶ月遅れたものの、念願の修学旅行を実施。市内50以上ある中学校の中で、その年に修学旅行に踏み切った唯一の学校だった。

自然教室も、過去2年間は教育委員会によって中止されていた。しかしこの学校では、宿泊なしの自然教室を行っている。週末の朝から夜8時まで、学校を使って生徒と先生たちは、工夫してさまざまな活動をした。お化け屋敷、ゲーム、バーベキュー、キャンドルサービス。覚悟をもって生徒のために尽力する先生たちの姿勢に、生徒たちからも親たちからも、感謝の声が届けられた。

「好きにやって欲しい。生徒に愛情をもってやった上で起こった失敗は、失敗じゃないから」

校長は責任を取れるからこそ、好きなことをやってもいいのだと日頃から考えている私の恩師は、そんな話を職員にする。

「五感を大事にして、自分の判断でやってみて。もしそれでも親や委員会からクレームが来たら、その時は私がいくらでも頭を下げるから」

そんな校長先生の教育観が、生徒を信じて任せるという、生徒の主体性を育もうとする教員の姿勢にもつながっている。「管理」ではなく「信頼」。信頼に勝る管理など、あるはずがない。

木を相手にする宮大工がそうであるように、教員もまた、子どもという生命を相手にするのだから「絶対」はあり得ない。そもそも不信と確実性に基づいたアカウンタビリティ（説明・結果責任）という、新自由主義的な責任[*25]のパラダイムで成果の管理などできるはずがないのだ。できるのは、教員が精一杯の仕事ができる仕事環境づくりだけだ。

従来、責任にはレスポンシビリティという言葉が使われてきた。そしてその語源には、「約束」という、外から強要されるのではない、内からの自発的な要素が含まれている。不信ゆえの管理ではなく、信頼ゆえの約束……。今、教育界に求められているのは、信頼と教育の不確実性を重視したレスポンシビリティへのパラダイムシフトなのではないだろうか。

先ほどの校長先生にこんな質問を投げかけてみた。

「何に抗っているんですか？」

彼の答えはシンプルだった。

「常識かな」

註

＊1　Apple, M. W. & Jungck, S.（1990）“You Don't Have to Be a Teacher to Teach This Unit: Teaching, Technology, and Gender in the Classroom.” *American Educational Research Journal*, vol. 27, no.2, pp.227-251.

＊2　鈴木大裕「結果責任の支配―カリキュラム・スタンダードからパフォーマンス・スタンダードへ」『世界』２０１７年3月号。

＊3　Apple, M. W. & Jungck, S.（1990）p.231.

＊4　同右、p.233

＊5　斎藤幸平『人新世の「資本論」』集英社新書、２０２０年、pp.307-308

＊6　斎藤幸平『１００分de名著　カール・マルクス「資本論」』ＮＨＫ出版、２０２１年、p.72

＊7　「ある先生の辞意表明―『私の選んだ職業は…もう存在しない』」「ワシントンポスト」２０１３年4月6日。

＊8　Apple, M. W. & Jungck, S.（1990）p.233.

＊9　「M先生」「高知新聞」２０２１年11月6日付。

＊10　英語では、intensificationという言葉が使われている。「激務化」と訳してもよいかもしれないが、あえて日本で一般的な「多忙化」を使うこととした。

＊11　Apple, M. W. & Jungck, S.（1990）pp.234-235.

＊12　斎藤、前掲『人新世の「資本論」』。

＊13　鈴木大裕「一度リセットして、そこからまた始めよう。」『クレスコ』２０２１年11月号。
＊14　鈴木大裕『崩壊するアメリカの公教育　日本への警告』岩波書店、２０１６年、p.60
＊15　ちなみに、アメリカにおける「教員輸入」の問題は、専門職職業ビザや交流訪問者ビザという政府による公式な入国許可証明制度がもたらす信憑性が、人材派遣会社による悪質な搾取の隠れ蓑になった点、先進国における人材不足を発展途上国からの派遣で解消する過程で専門職の「使い捨て労働者」化が進んだ点において、日本における外国人技能実習生制度を用いた介護士不足の解消と極めて類似している。
＊16　鈴木大裕「もう『教員不足』という言葉を使うのをやめよう」『クレスコ』２０１９年５月号。
＊17　「『教員不足』で緊急通知〝特別免許制度の積極活用を〟文科省」ＮＨＫ、２０２２年４月21日。
＊18　佐久間亜紀「なぜ教師不足が生じているのか」『教職研修』２０２２年６月号。
＊19　勝野正章「教職の『非専門職化』と『脱』非専門職化」『人間と教育』２０１８年春号。
＊20　西岡常一・小川三夫・塩野米松『木のいのち木のこころ〈天・地・人〉』新潮文庫、２００５年、p.17
＊21　同右、pp.14-15
＊22　同右、p.20
＊23　同右、p.15
＊24　同右、p.22-23
＊25　鈴木、前掲『崩壊するアメリカの公教育　日本への警告』第７章「アカウンタビリティという

新自由主義的な『責任』の形」を参照。

終章　「遊び」のないところから新しい世界は生まれない

1　新自由主義批判を超えて

（『クレスコ』２０２３年1月号）

この半年というもの、教育現場における「構想」と「実行」の分離について考え続けてきた。その過程で、資本主義の支配がもたらした職人の没落について考え、「法隆寺最後の宮大工棟梁」と呼ばれた西岡常一の思想に立ち戻る中で、人間が大自然の中で生かされていることを忘れた社会は、「生き物を生き物として扱わない社会」でもあるという気づきがあった。そんな世の中で人が育つわけがないし、地球も持続可能なはずがない。

そんなことを考えるうちに、自分がこれまで展開してきた新自由主義批判に変化が起き始めた。「今日では、後期資本主義の破滅よりは、地球と自然の完膚無き破壊を想像する方が私たちにとって容易なのである」[*1]というフレドリック・ジェイムソンの言葉はあまりにも有名だが、地球の終わりがいよいよ現実味を帯びてきた今、新自由主義批判だけではとうてい不十分であるように思えてきたのだ。私たちが抗うべきは、資本主義そのものなのではないか。

浦田（東方）沙由理（東京家政大学・環境思想）は、今日よく耳にする「エコ」という言葉の使い方に関して、「資源の浪費を控えた環境負荷の少ない生活が『エコな生活』といわれるが、一般の人々の意識として環境問題や自然というものは、自分と関係ない、外の問題としてとらえられている」と疑問を呈している。そして、エコロジーとは「人間も自然の一部であると考える思想」であり、「自然の循環に支えられている人間、人間を生き物としてとらえなおす見方」と再定義している。

いつから人間は、自分たちを「自然と別物」ととらえるようになったのだろうか。浦田は、この「自然と人間の分離という態度は、資本主義の誕生の根幹に関わっている」と言う。

経済学者の玉野井芳郎によると、資本主義は農業と工業の本質的差異を無視し、農業を捨象して工業を土台としてその理論体系をつくり出したという。その結果、「農業生産の規定としてあった農業を成り立たせる人間と自然の関わり合いが顧みられなくなり、合目的的な工業の論理の中で物事を考えるようになった」[*2]。

どういうことだろうか。浦田が引用した玉野井は、『エコノミーとエコロジー』[*3]という著作の中で、資本主義という経済体制が、「工業を中心とする世界、いいかえると非農業＝非生命体の世界」をつくり出したことを指摘している。[*4] そして、エドゥアルド・ダヴィッドによる、「農業的生産と工業的生産との差異を無視した産業の通俗的分類法は完全な誤り」という指摘に着目し、説明している。

「有機的生産においては『生命あるものの展開（Entwicklung lebender Wesen）』があり、機械的生産においては『死んだ物体の加工（Verarbeitung toter Dinge）』がある。後者においては、人間の合目的な意思が、意思のないままに移行する中間物の利用をとおして、生産に必要な実態（Substanz）の分離と結合の作用を行なう。これにたいし農業では生産者である人間は、この分離・結合の活動を『生きた自然（die lebendige Natur）』の自律的作用にゆだねなければならない。この『生きた自然』こそ、ここでは直接の生産者なのであり、人間の労働はせいぜい二次的地位を占めるにすぎない」[*5]。

これこそが農業的生産と工業的生産の本質的な差異であり、資本主義はその違いや農業を営む人と自然との関係を無視し、自然をも搾取の対象にすることで、人間だけに都合の良い大量生産を可能にしたのだ。

それは「土地」の解釈のしかたにも表れる。もし資本主義の工業中心的な世界観から見るならば、土地は人間が種を蒔《ま》くまでは何も育たない、無機質な、単なる面積のように扱われるようになる。しかし実際には、どんな土地にもそれぞれの生態系が確かに息づいていると玉野井は強調し、E・F・シューマッハーの次の言葉に共鳴している。

「私が〈土地〉というときには、その上の生物を含む。（中略）まずなによりも、土地はそれ自身のうちに目的をもっており、経済以前のものである」[*6]

同じことが、教育でも言えるのではないだろうか。学校に集まってくる子どもたちには、教育以前にそれぞれが生きている人生がある。それなのに、資本主義がでっちあげた「非生命体の世界」は、一人ひとりの命や、一つひとつの教室の生態系を無視して、教育をも工業的に、「死んだ物体の加工」のように扱うのだ。

ベルトコンベアで流れてくる子どもたちに、脱技能化された教員が単純作業でプログラミングを施し、一定の学力をつけた上で市場に送り出す……。そんな貧弱な教育観が、今日の学校を取り巻いているのではないだろうか。

浦田は、自然に対する人間の優越性の存在についても言及している。「人間活動の自然からの分離と同時に、工業社会の優越性という状況があった。自然は貧困や野蛮、工業は繁栄や文明と結びつけられ、後者が賛美されるようになった。個人の価値観にも浸透し、自然よりも工業化、都市化、近代化が良いものと考えられた」[*7]

このような価値観が支配的になっていけば、教育もその影響を受けるのは当然だ。自然と人間の分離が起こり、「工業社会の優越性」が生まれるならば、地方の若者は都会を目指すようになり、そうなれば、都会でも通用する学力がもてはやされるようになるだろう。それこそが、かつて教育者の東井義雄《とうい よしお》が指摘した「村を捨てる学力」だったのだ。

大田堯は言う。生命あるものには自《おの》ずと学習がある、と。乳の吸い方にせよ、食べられる物と食べられない物の分別にせよ、学ばないと生きていけない。学ぶことは生きることなのだ。だから教育は、そもそも生きようとしている子どもの命に寄り添い、支援するだけでよい。

大田堯が訴え続けた、教育を生命の営みの中でとらえ直すことが、今ほど求められている時はない。

2　生命の営みの中で教育をとらえ直す

私たちが生きる資本主義社会の根幹には、「自然と人間の分離」があった。[*8] そして、それは人間の子育てにも影響し、「自然と教育の分離」をもたらした。世界規模の気候変動など、地球が悲鳴を上げる中、自然と教育の結合が求められている。それこそが、大田堯が言う、生命の営みの中で教育をとらえ直すことなのだろう。

それでは、大田が訴えた「命を大切にする教育」とはいったいどんな教育なのだろうか。命あるものなら誰しも、学ばなくては生きていけない。そして、それは「ちがう・かかわる・かわる」の繰り返しなのだと大田は言う。

命あるものなら、ただ一つとして同じものはない。外見や性格だけの話ではない。育った環境や経験が違えば、当然考え方や意見も変わってくる。自分とは異なる他者と出会い、さまざまな刺激を受け、世界に一人だけの「わたし」に気づくのだ。そして、自分の頭で考え、他者の意見に耳を傾け、かかわる中で折り合いをつけていく。それが学ぶということであり、生きるということなのだ。

学校には、それぞれの人生を背負った、さまざまな子どもたちが集ってくる。教室には、その教室独自の生態系が生まれる。教員が一人ひとりの違いに丁寧に寄り添い、かかわる中で、そこに集った子どもたちの多様性を祝福する。それが学校のあるべき姿なのではないだろうか。

もちろん、生徒がひしめく教室でそれを行うのは至難の業だ。だから、若く経験の浅い教師でも一人ひとりの違いに丁寧に寄り添い、響き合えるような、そんな深い人間関係を可能にする教育環境整備が必要なのだ。それが行政の役割だろう。

命を大切にする教育と言う時、「命」は自分以外の命をも意味する。自然を知らなくてはならない。自分たちが、地域の自然にどう生かされてきたか。街はどのように発展し、その過程で何が消えていったのか。人類はどのように進化し、その過程で何を得て、何を失ったのか。自然界では動物たちがどのように共存しているのか。自然との調和を目指す教育でなければならない。「人間だけに都合のいい世界」[*9]ではダメなのだ。

生きることとは食べることだ。命を大切にするならば、私たちの生命を支える食べ物に重きが置かれるのは当然だろう。自分たちが口にするものが、どのようにしてつくられているかを学ぶだけでは足りない。教員は、子どもたちと自然の中を歩き、食べ物を採取したらいい。食べられるもの、食べられないものを子どもたちに教えるのだ。昔の子どもたちが川や山を歩きまわり、どうやってタンパク源を確保していたか。どのように食べていたか。そうする中で、子どもたちの味覚、嗅覚、聴覚、視覚などを養い、一人前にしていくのだ。

私たちの祖先は、かつてゴリラと同じ、森の中に生きていた。霊長類学者の山極壽一《やまぎわじゅいち》は、森の中というのは、「決して同じことが繰り返されない[*10]」「予測ができない世界[*11]」だと言う。視界の悪い森の中では、何が突然目の前に飛び出してくるかわからない。予測ができないのだから、「正解」も存在しない。頼れるのは、自らの感性だけだ。

それと比べ、人間がつくった橋や子どもたちが過ごす教室などは、山極の言葉を借りれば、「起こるべきことを人間が予想して作ったもの」であり、「そこにいる自分は予測されて」いるのだ。[*12]管理された環境では、正解・不正解というものが生まれ、感性よりも論理が重視されるようになる。体育、美術、音楽、技術、家庭科など、子どもの感性を育む教科が脇に追いやられている学校の現状が、まさにそれを物語っている。山極は、「言葉ができてしまって、論理が優先し始めた[*13]」と指摘する。言葉を持たない動物たちと共存し、植物たちと調和しようとするならば、論理よりも感性を研ぎ澄ますことが重要になってくる。

もちろんそれは、人間が言葉を捨てるということでも、文明を手放すということでもない。それは「人間が原初の森の精神にもどる」ことであり、「人間だけに都合のいい世界」

を真に持続可能な世界へとつくり変えることだ。[*14] 大田は、新しい「科学知を乗り超えた生命主体と生命主体とのかかわり合いの知恵」[*15]が求められていると言う。そんな知恵を育み、生命と生命が響き合う[*16]学校であって欲しいと、心から願う。

3 「遊び」のないところから新しい世界は生まれない

たとえば私が馬で村を駆けぬけるとする。たぶん早くは行けるだろう。だがもし、私がぶらぶら歩いて行くとすると、いろんなものも見物できるし、友だちも私に声をかけて、家の中へ呼んでくれるだろう。目的地に早く着くことが、たいした得になるわけではない。得とは、そんなものではない。パパラギは、いつでも早く着くことだけを考えている。彼らの機械の大部分は、目的に早く着くことだけがねらいである。早く着けば、また新しい目的がパパラギを呼ぶ。こうしてパパラギは、一生、休みなしに駆け続ける。ぶらぶら歩き、さまよう楽しみを、私たちを迎えてくれる、しかも思いがけない目標に出会う喜びを、彼らはすっかり忘れてしまった。[*17]

昔、サモアの島々に住んでいた原住民は、ある日突然やって来たヨーロッパの白人たちをパパラギと呼んだ。この本が最初に出版されたのは1920年。自分の年齢も知らず、ヨーロッパを訪れるまで「時計」というものを見たこともなかった酋長《しゅうちょう》ツイアビにとって、水のように流れ続けるはずの時を計ることばかりを気にして、生きることを忘れたパパラギは、重い病に冒されているようにしか見えなかった。

実に1世紀以上も前の本であるにもかかわらず、まるで今日を生きる私たちに語りかけているようだ。大人たちは、少しでも時間を節約しようと、一日にいくつもの用事を詰め込む。移動の際には高速道路を使ったり、快速電車に飛び乗ったりして、景色などには脇目も振らずに目的地へとひた走る。

時間を節約できたら、また新たな用事をねじ込む。そうして季節の移り変わりを愛《め》でることも、心のおもむくままにフラッと寄り道したり、友との会話を楽しんだりすることもなく、あっという間に一日一日が過ぎていくのだ。

あなたは人生を楽しんでいますか？

そんな問いかけに立ち止まることもなく、「忙しい忙しい」と時間節約の無限ループから逃れることのできない現代人。ミヒャエル・エンデは言う。

「時間をはかるにはカレンダーや時計がありますが、はかってみたところであまり意味はありません。というのは、だれでも知っているとおり、その時間にどんなことがあったかによって、わずか1時間でも永遠の長さに感じられることもあれば、ほんの一瞬と思えることもあるからです。なぜなら時間とは、生きるということ、そのものだからです。そして人のいのちは心を住みかとしているからです[*18]」

私たちは子どもに問う前に、まずは自分自身に問わなければならない。私たちは今を生きているか？　大人ができていないのに、どうして子どもにそれを求めることができよう。「遊び」の反対は「死」なのではないか。そう言うのは、作家の小野正嗣《まさつぐ》だ[*19]。どういうことだろうか。アウシュビッツなどのナチスによる絶滅収容所で、ガス室に向かう人々の列の中でも、子どもたちは遊ぼうとしていた。そして、それを見た周りの大人たちは、落ちている棒や布切れで人形などを作って、必死に遊ばせてやろうとした……。

小野は、そんな生存者の証言に注目し、遊びと想像力、そして人間の生との深い関係を指摘している。死を覚悟した大人たちの暗く、重い行進の中でも、想像することをやめず、遊ぼうとする子どもたち。それでも生きようとする子どもたちの命の力こそが、周りの大人たちに人間としての尊厳を取り戻させる、かすかな光だったのではないだろうか。

小野は、機械が安全に作動するために接合部に残されたゆとりや隙間を「遊び」と呼ぶことにも着目し、「人間の遊びもまた、人間が人間らしく生きるための安全装置[*20]」なのだと言う。だから未曽有の自然災害など、「『想像を絶する』事態には、遊びは存在しえません。人から想像力を奪おうとする世界には、遊びの場所はありません。それは死の世界なのです。だからこそ、人は想像しなければなりません[*21]」。

小野が、「文学も人が生きていくために必要な隙間、『遊び』を作り出します[*22]」と言うように、マキシン・グリーンは芸術が生み出す余白に注目する。

芸術は「時に、私たちが他の存在のしかたを想像し、それを実現するということを考えることのできる空間へと私たちを突き動かす」、そして「芸術が私たちに与える気づきの衝撃は、日常にどっぷり浸からずに、探索し、問いかけるよう私たちを駆り立てるのです[*23]」。

だから必要なのは、生活の中に余白を、「遊び」をつくっていくこと。そして、それを可視化してアクセスしやすいようにすることで、既存の世界に満足しない人々が「現実」と、いまだに実現に至っていない目指すべき世界を想像し得る空間とを自由に行き交えるようにすることだ。

今日の社会の閉塞感と息苦しさは、私たちの生活に「遊び」がないからではないだろうか。生活に遊びがないからこそ、人間らしく生きるという当たり前のことが、競争的な社会に適応することに負けてしまう。既存の社会を問うことも、新しい社会を想像することもできないのだ。

遊びのないところから、新しい世界は生まれない。

4　自由の前提条件としてのパブリックスペース

マキシン・グリーンは、パブリックスペース（公共の空間）を、自由が生まれる前提条件ととらえている。[*24] そして、多くのアメリカ人が、パブリックスペースはすでに公園や広場というさまざまな形で「与えられている」という従来のアメリカ世論の認識を正している。

パブリックスペースとは物理的な空間などではない。それは、どこか満たされていない不完全さと同時に、それを乗り越える希望を胸に抱いた人々が集った時、人々の間に一時的に生じるもの。それは、全体主義のように人々が思想や表現の自由を奪われ、誰もが同じような考え方を強要される社会ではあり得ない。さまざまな経験やバックグラウンドを持ち、意見も考え方も異なる人々が集まって初めてパブリックな空間が生まれるのだ。

ジャズなど、複数のアーティストでつくりあげる芸術を想像すればイメージしやすいだろう。一人ひとりの個性こそが可能性と力強さの要素となる。楽器も音楽性も異なるジャズミュージシャンたちが集い、互いの音に耳を傾ける。他が奏でる音やリズムに調和し、自分自身の独特な音色を加え、共鳴し、時に刺激し、押し返し、方向性を変えることもある。先が見えずリスクもあるが、その予測不能性こそがミュージシャンたちを、一人では行けず、再現もできない特別な場所へと誘《いざな》うのだ。

しかし、多様な個人の集まりだけでパブリックスペースが発生するわけではない。多くの違いや不協和音もある中で、お互いに我慢強く耳を傾け、ハーモニーをつくるためには、それらをまとめる何らかの力が必要となる。多くの場合、それは共通の闘いであるとマキシンは言う。

マキシンが好んで引用した本に、アルベール・カミュの『ペスト』（1947年）がある。お金と個人的な道楽にしか人々が関心を持たないオランという町で、突如疫病が大流行する。疫病の感染拡大を阻止するために、オランは外の世界から隔絶される。

電車の往来も止まり、閉ざされた門が再び開く保証もないまま、オランの人々は徐々に快楽と金銭の乱費に逃避するようになる。カフェやレストランが賑《にぎ》わい、通りは酔っ払いで溢れかえる。しかし、物語の中で初めてパブリックスペースが生まれるのは何人かの有志――医者、事務員、観光客、ジャーナリストなど――が感染者の隔離や消毒などを担う「保健隊」を組織するために集まった時だ。何ができるのかもわからずに集まった彼らだが、一つ共通していたのは、疫病に立ち向かうという衝動だった。

しかし、そのような不完全さこそが人々を結びつける力となる。ブラジルの教育哲学者パウロ・フレイレは言う。「絶望とは、中身を失っただけの希望である」*25。同様にマキシンも、どんな時も諦めず、暗闇を常に光との弁証法的関係の中で見ることを私たちに求める。

絶望と希望とを、切り離された別々の個体ととらえるからこそ相互排他的に見えるのであって、双方の一体性と相互依存性が見えた時、二つは実は一つの連続体の両極を成し、常にお互いの可能性を増強していることに私たちは気づくのだ。絶望とは無ではなく、いまだ来ない希望の光を待つ暗闇なのだ。

　また、パブリックスペースは永久的なものでもない。それは流動的で、儚《はかな》いものだ。だからこそ私たちに求められるのは、パブリックスペースをつくり、またつくり直すという粘り強い努力だ。格差が拡大し続ける社会のあり方を問うた「ウォール街を占拠せよ！」運動。舞台となったズコッティパークを占拠する人々の強制撤去が行われた後、一枚のサインが残されていたのを思い出す。「旬を迎えた思想を立《た》ち退《の》かせることはできない」

2013年４月５日に開催された「教育省を占拠せよ！」運動でスピーチを行う筆者。全米からさまざまな教育関係者がワシントンD.C.のアメリカ連邦教育省前に集結し、運動が展開された

　ハンナ・アーレントを引用し、マキシンは言う。「目的は、多様な人々が、『自分にできる最高のあり方』をもってそれぞれの前に現れることのできる、真のパブリックスペースを見つける（つくる）こと」[*26]
　世界的なジャズトランペッター、ウイントン・マルサリスは、神童というものはジャズには存在しない、と指摘

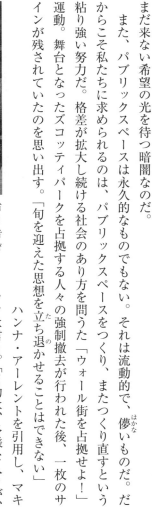

する。「なぜならば、この音楽は世界や人間性と特殊なかかわり方をし、それは起こっているることの複雑性に対するある種の大人の理解を求めるからだ」[*27]

パブリックスペースの創造にも、我慢強さ、共感力、傾聴力、声を上げる勇気、リスクを取る覚悟、謙虚さ、希望、愛情など、おそらく同様の成熟度が求められるのだろう。私たちは共通の闘いを通して、人間として成長しつつ、次々と移動しながら人と人、パブリックスペースとパブリックスペースとをつないでいく。そうやってムーブメントをつくっていくのだ。

5　いち教員である「わたし」にできること

資本主義とか、市場の新自由主義のイデオロギーとか言われると、私たちはひとりでそれにどう立ち向かっていけばよいかわからず、途方に暮れると思います。個人がひとりで資本主義を倒したり、組織的な政治運動を始めたりするなんて、とても自分にはできそうにない。難しくてよくわからない問題に関わるのは面倒なので、人任せにする。その態度の裏には、そんな絶望感が関係しているようにも思います。*28

文化人類学者、松村圭一郎のこの言葉に共感する教員は少なくないのではないか。本書でも、大きなテーマを扱ってきた。資本主義の影響による教育における「構想」と「実行」の分離。新自由主義化する社会の帰結である公教育の市場化と民営化。そうして起こる学校の「塾」化と教員の「使い捨て労働者」化……。そして、子どもの教育を通して、この「モノ・カネ」の社会のあり方そのものを問い直す必要性を、私は繰り返し訴えてきた。それを頭では理解していても、いち教員である「わたし」に何ができるのかわからず、日々の激務を乗り切ることに必死な教員はたくさんいるはずだ。

そんな教員に、松村の理論は優しく語りかけるようだ。絶望する必要はない。いくら支配的に見えようとも、「モノ・カネ」の価値観に社会が完全に飲み込まれることはないのだから。「すきま」はたくさんあるし、変えられないものでもない。ただバランスが崩れているだけなのだ、と。

松村は、文化人類学の歴史のなかで起こった一つのパラダイムシフトを紹介する。古典的な文化人類学は、「未開社会」を「長期的で人格にもとづいた人間関係」によって成り立つ贈与経済ととらえる一方で、「短期的で匿名な関係性」で成り立つ、お金を介した商品取引に象徴される近代社会を貨幣経済と位置づけた。[*29] それは、文明化の結果としての「歴史的な一方向への変化[*30]」であり、戻ることのない、不可逆的なものと見ており、将来「あらゆるものが消費社会に置き換わっていく」と1970年に予測したジャン・ボードリヤールの見解と一致していた。

しかし、1980年代以降の文化人類学の知見では、贈与と商品交換はそんなに単純に二分できず、双方向に揺れ動きのある連続的なものとする見方が主流になってきたという。このパラダイムシフトの重要性を松村はこう表現する。

「貨幣を介した商品取引という非人格的な関係にもとづく資本主義的な社会が、均質的で固定した不可逆のものではない可能性を示唆している[*31]」

つまり、贈与経済が貨幣経済に完全に置き換わったわけではないし、私たちの資本主義的な社会は人々が思う以上に流動的で、不安定で、変えることだってできるということだ。

そして、松村自身も、資本主義や新自由主義など一つのシステムに社会全体が完全に覆い尽くされることはない、と否定するデヴィッド・グレーバーに賛同している。その理由として松村は、市場経済に基づく資本主義一色に見える社会でも、目をこらせばシステムに包摂されない「すきま」がいたるところに点在し、そこでは貨幣のやり取りだけでは説明のつかない人間関係が淡々と営まれていることを、実例をもって示している。

病気による休業をSNSで発信した女性店主を助けようと、常連客が自然発生的に店の玄関前の掃除や郵便物の投函などをする小さな本屋。ひとり親家庭で育った若者たちのかけがえのない居場所となっている古着屋。出演者でもあり客でもある常連客が、お店にお金を落とすために余分にドリンクを注文したり、時に店長が常連客にお酒を振る舞ったりと、持ちつ持たれつの共同性によって成り立っているライブハウス……。

市場原理と贈与交換が組み合わさって「利害からはみ出して生まれる共同性」が生まれ、バラバラだった人たちの「結節点」となるような店が、小さな町でも都市部でも無数に存在すると松村は言う[*32]。

そして、それが「社会の底が抜けるのを防いでいるのではないか[*33]」「新自由主義化が進む現代の資本主義のもとでも、ある種の『自治』への契機は常にあちこちで芽生えているのではないか[*34]」と問いかけ、「すでにその巨大なシステムとは別の動きや働きをしている『すきま』のような小さな場所に目を向けることが、システムそのものに対抗する最初の一歩になりうる」[*35]と私たちを鼓舞する。

「一つの教育政策で新自由主義をひっくり返すことはできないが、教育を通した社会運動を通じて人々の意識を変え、社会の潮流を少しでも変えることはできる」[*36]『崩壊するアメリカの公教育』に、そう私は書いている。松村の言葉を借りれば、それは「すきま」をつくり、連帯と運動を通してその空間を広げていくということなのだと思う。

新自由主義の価値観を内在化し、それに忠実に自分たちの言動を規制し、その歯車となってシステムを支えているのは他でもない、「わたし」自身だ。自分が変わることで他者を変え、新しい社会をつくるための「すきま」をつくる。

人々が商品交換モードに支配され、人間らしいつながりを失ったモノ・カネの世の中でも、他者への共感を忘れず、公平を求め、お互いが「こぼれ落ちないように支え合う」[*37]人間関係の残る「すきま」を楽しめる、またはそういう空間を自らつくり出せる子どもを育てること。そうした子どもたちが増えることで、社会は失われていたバランスを少しずつ取り戻していく。いち教員である「わたし」にできることは、決して小さくない。

6　答えは自分の中にある

この社会は「わたし」の集まりによって構築されている——それに気づくことにこそ希望がある。

そう言うのは、前項でも取り上げた文化人類学者の松村圭一郎だ。

文化人類学は、一つの部族やコミュニティーを長期にわたって調査する。しかし、調査を通して知るのはその「他者」だけでなく、「わたし」であり、自らの社会だ。

「他者」と出会うことで自分自身の「あたりまえ」が揺さぶられ、その揺さぶりに身を任せることで、慣れ親しんだ自分の社会の常識が崩れ落ちる。そして、現実として疑いもしなかったさまざまな規則や風習や体制が、「他者」にとってはいかに不自然であるかを知るのだ。すると今度は、その不自然な社会に組み込まれ、「こうあるべき」と信じ込み、それを無意識に支えてきた「わたし」自身の不自然さに気づかされる。

この社会が、そんな「わたし」の集まりで構築されていると気づくことにこそ希望がある。なぜならば、もし社会が構築されているなら、それをつくり直すことも可能だからだ。松村は言う。

「ぼくらにできるのは『あたりまえ』の世界を成り立たせている境界線をずらし、いまある手段のあらたな組み合わせを試し、隠れたつながりに光をあてること[*38]」

その一つの例として松村が挙げるのが、「利潤や対価といった市場の論理ではなく、他者への贈与として『仕事』をとらえなおす[*39]」ことだ。大学教員でもある彼は、教えることをなるべく生活のために行う労働と見ないように心がけているという。

「市場のなかにも、どこかで『わたし』の働きの成果を受けとめ、生きる糧としている人がいる。市場交換によって途絶され、隠蔽された労働の贈り手と受け手とのあいだをつなぎなおすことで、倫理性を帯びた共感を呼び覚ます回路が生まれる[*40]」

貨幣経済が浸透している今日の社会では、労働さえもが個人が対価を得るために「売る」商品と見なされる。しかし、そんな労働も、時には社会や誰かへの贈り物になり得る。自らの労働を商品と考えないことで、松村は「商品交換」と「贈与」の境界をずらし、サービス提供者と消費者という「即時的で匿名な関係」ではなく、教師と生徒という、年月を超えて続く固有名詞的な関係という、隠れたつながりに光を当てているのだと私は思う。

千葉で中学校の校長を務める私の恩師のことを思い出す。彼は職員に、保護者からの電話に出る際に、「お世話になっております」と言わないよう徹底した。たったそれだけのことが、教職員と保護者の関係をガラッと変えたと彼は言う。

サービス業のようにふるまうな、子どもや保護者を「お客様」にしてはいけない、ということだと思う。先述したように、彼の学校はコロナ禍において、自治体で唯一修学旅行を実現した学校でもある。子どものためになることはリスクを冒してでもやる――そんな職員の気概に子どもたちは感謝で応え、彼らを「生徒」へと変えてゆく。

まだコロナ禍が完全には収束しないなか、2023年ワールド・ベースボール・クラシック（WBC）の日本とアメリカによる決勝戦を、全校生徒を集め体育館で観戦した校長もいる。世の中にはさまざまな「学び」、そして「成功」のかたちがある。学校は楽しいところなんだ、そんなメッセージを子どもたちは受け取ったのではないだろうか。

逆に、子どもたちのためにならないことはやめよう、と既存の境界線をずらす教員もいる。今日の競争的な社会に子どもたちを必死に適応させようとする今の教育は間違っているのではないか、と当時の松井大阪市長に怒りの提言書を送りつけた久保敬校長も、その一人だろう。彼が直接市長に提言書を送ったことで、自治体の首長による越権的な教育介人に光が当たったのだ。

振り返れば、アメリカにおける新自由主義教育改革抵抗運動も、既存の境界線をずらした人々が牽引《けんいん》してきた。[*41] 8人で読書サークルをつくり、バラバラに見えた社会のさまざまな問題を線でつなぎ、個別に闘っていた市民団体の絆《きずな》を強め、最終的に歴史的な教員組合ストにつなげたシカゴの教員たち。子どものことだけではなく、保護者と政治的な会話も普通にできるように教員を訓練し、保護者とのパートナーシップを構築したことも印象的だ。

シアトルのGarfield High Schoolでは、学校のカリキュラムにも準じておらず、子どものためにならないとして、ある業者テストを教員たちがボイコットした。それはすぐに同じ地域の他の学校にも飛び火し、結局そのテストは廃止に追い込まれた。発端は、一人の教員の「やりたくない」という言葉だったそうだ。松村は言う。

「ぼくらが動かし、動かされ、そのつどある『かたち』を浮かび上がらせている『関係としての社会』。とどまることなく、否応《いやおう》なしに、誰もがこの運動の連鎖のただなかにいるからこそ、ぼくらは、その社会を同じように動かし、ずらし、変えていく可能性に開かれている[*42]」

たった一人の「越境行為」（境界をずらそうとする）も、となりの誰かにインパクトを与え、何らかの影響を社会に及ぼすのだ。
社会のシステムを支えているのは「わたし」たちだ。私自身がその中の一人であると気づくことで、何かが動き始める。答えは自分の中にある。

註

＊1 Jameson, F. (1994) *The Seeds of Time.* New York: Columbia University Press.（邦訳『時間の種子』松浦俊輔・小野木明恵訳、青土社、１９９８年）
＊2 浦田沙由理「〈エコロジー〉という視点から見えてくるもの」『はのねくさのね』２０２１年４月１日号。
＊3 玉野井芳郎『エコノミーとエコロジー――広義の経済学への道』みすず書房、１９７８年。
＊4 同右、p.70
＊5 同右、pp.78-79
＊6 同右、p.7
＊7 浦田、前掲稿。

＊8　鈴木大裕「新自由主義批判を超えて」『クレスコ』２０２３年1月号。
＊9　山極寿一・小川洋子『ゴリラの森、言葉の海』新潮文庫、２０２１年、p.290
＊10　同右、p.246
＊11　同右、p.253
＊12　同右、p.249
＊13　同右、p.254
＊14　同右、p.290
＊15　大田堯『歩きながら考える―生命・人間・子育て』一ツ橋書房、２０００年、p.51
＊16　大田堯・山本昌知『ひとなる―ちがう・かかわる・かわる』藤原書店、２０１６年。
＊17　エーリッヒ・ショイルマン著、岡崎照男訳『パパラギ―はじめて文明を見た南海の酋長ツイアビの演説集』ＳＢ文庫、２００９年、p.103
＊18　ミヒャエル・エンデ著、大島かおり訳『モモ』岩波少年文庫、２００５年、p.83
＊19　小野正嗣「講演　読む・書く・学ぶ」『すばる』２０１５年10月号。
＊20　同右、p.186
＊21　同右、pp.186-187
＊22　同右、p.187
＊23　Greene, M.（1995）*Releasing the Imagination: Essays on Education, the Arts, and Social Change*. San Francisco: Jossey-Bass. p.135.

*24 Greene, M. (1988) *The Dialectic of Freedom*. New York: Teachers College Press.
*25 Freire, P. (1994) *Pedagogy of Hope*. New York: Continuum.
*26 Greene, M. (1988) p.xi.
*27 West, C. (1997) *Restoring Hope: Conversations on the Future of Black America*. Boston: Beacon Press. p.135.
*28 松村圭一郎「資本主義で『自治』は可能か？――店がともに生きる拠点になる」、斎藤幸平・松本卓也編『コモンの「自治」論』（集英社、２０２３年）第2章、p.75
*29 同右、p.58
*30 同右、p.59
*31 同右、p.60
*32 同右、p.66
*33 同右、p.67
*34 同右、p.52
*35 同右、p.76
*36 鈴木大裕『崩壊するアメリカの公教育　日本への警告』岩波書店、２０１６年、p.131
*37 松村、前掲書、p.77
*38 松村圭一郎『うしろめたさの人類学』ミシマ社、２０１７年、p.182
*39 同右、p.186

＊40　同右、p.179
＊41　鈴木、前掲『崩壊するアメリカの公教育』第9章「シカゴ教員組合ストライキ」を参照。
＊42　松村、前掲『うしろめたさの人類学』p.84

おわりに

「真の自由とは、パンを選ぶことではない」
そう言ったのは2014年に96歳で亡くなった私の恩師、マキシン・グリーンだ。ユダヤ人として、そしてアメリカにおける女性教育哲学者の先駆けとして、彼女は自由のために闘い続けた人だった。多くのアメリカ人が、自分は生まれつき自由であると信じ込んでいることを、彼女は「悲劇」と呼んだ。

自由とは権力者によって施されるものではなく、人と人とのつながりの中で勝ち取るもの。もし本当に生まれつき自由ならば、差別や経済格差など、この社会におけるさまざまな不平等を、私たちはどう理解したらよいのか？　より公平な社会を求める人々の怒りは、より愛しやすい社会を求めるエネルギーはどこへ向かったらよいのだろうか？

社会が裕福になる中で、いつしか「幸せ」は金銭的な豊かさに、「自由」はお金で買える選択肢へとすり替えられていった。メディアを通してきらびやかな商品や金持ちの優雅な暮らしが消費者の物欲を煽《あお》り、モノが溢れかえる街で、人々は車やパンなど、さまざまなモノを選べることで満足するようになった。

それだけではない。福祉など、弱者を守ってきた社会のセーフティーネットは、「自由化」や「民営化」の名の下に、一つまた一つと取り外され、それまで人々に分け隔てなく保障されていた「権利」は、いつしかお金で買うべき「サービス」に変えられてしまった。そして、「平等な競争」という幻想と「自己責任」論のもとに、誰もが「勝ち組」を目指すよう仕向けられていった。その波は、戦後、アメリカの背中を追い続けた日本にも、確実に押し寄せてきた。

ダライ・ラマは、今日の人間というものに驚いている。

人間はお金を稼ぐために健康を犠牲にし、今度は健康を取り戻すためにお金を差し出す。そして未来を心配し過ぎて現在を楽しまない。結果として、人は現在も未来も生きないのだ。いつ訪れるかもしれない死を忘れて生き、真に生きることなく死んでいくのだ。

未来を心配し過ぎて現在を楽しまない……。真に生きることなく死んでいく……。それはまさに、ミヒャエル・エンデが小説『モモ』の中で描いた、「時間どろぼう」に時間を盗まれた人々の姿だ。将来ラクをするために「役に立たない」、今日的に言えば「不要不急の」活動は全て時間節約の対象となり、人々の生活からは趣味や遊びが消え、たわいない会話や他者への気遣い、仕事に対するこだわりや誇り、その他人間らしい営みは消えていった。

子どもたちを取り巻く環境も一変した。まず、子どもと遊ぶ大人がいなくなった。代わりに、子どもにお勉強を教える塾ができた。「ためになる」遊びを教えてくれる遊戯教室もできた。そして、外で自由に遊ぶ子どもたちがいなくなった。

余白のない、つまり「遊び」のない社会からは、笑いや喜びが消えていった。時間を節約しているはずなのに、常に時間に追われている。そうして時間に支配された人々は、いつしか「生きる」ことを忘れていくのだ。

アメリカを代表する教育哲学者、ジョン・デューイの言葉を思い出す。

「教育とは、人生の準備ではなく、人生そのもの」

子どもたちの学びに喜びはあるのだろうか。将来役に立つかどうかではない。学ぶことそのものに価値があるのだ。しかし日本の教育を振り返ってみれば、小学校の勉強は中学進学のため、中学校の勉強は高校受験の、高校の勉強は大学受験の、大学の勉強は就職のため……と、常に「人生の準備」となっている。

学校の教育は子どもたちの旺盛な知的好奇心を刺激し、満たしているだろうか？　子どもたちの心は豊かになっているのだろうか？　子どもたちが、真に学ぶことなく大人になっていくような気がしてならない。

子どもを良い大学に入れること、「勝ち組」にすることが「良い親」だと、大人たちは社会に刷り込まれている。だから多くの親が、遊びたがる子どもに心を鬼にして言い聞かせるのだ。

「今だけ我慢しなさい」

もちろん「勝ち組」になるためには、それが「今だけ」で終わるはずがない。子どもたちはそうして、一度しかやってこない子ども時代を奪われていくのだ。

「勝ち組」の先に幸せはあるのか？　そもそも自分たちは誰に勝とうとしているのか？答えのないまま、大人は自分たちがつくってきた競争的な格差社会に子どもたちを適応させようとする。確かに「既存の社会」における子どもたちの選択肢は増えるのかもしれない。しかしそこには、子どもたちだけに可能な、「新しい社会」を創造する自由はない。

子どもたちは今を生きているか。
自分の頭で考えることを許されているか。
自分が決めた道を歩んでいるか。

パンを選ぶことに満足しない人々に課せられた、大きな責任である。

2024年9月

鈴木大裕

JASRAC 出 2406886-504

鈴木大裕（すずき だいゆう）

一九七三年、神奈川県生まれ。教育研究者。一六歳で渡米し、九七年コルゲート大学教育学部卒業、九九年スタンフォード大学教育大学院修了。帰国後、千葉市の公立中学校で英語教師として勤務。二〇〇八年に再渡米し、コロンビア大学教育大学院博士課程で学ぶ。一六年、高知県土佐町へ移住、一九年に町議会議員となり、教育を通した町おこしを目指しつつ、執筆や講演活動を行なっている。著書に『崩壊するアメリカの公教育 日本への警告』（岩波書店）など。

崩《ほう》壊《かい》する日《に》本《ほん》の公《こう》教《きょう》育《いく》

集英社新書一二三五E

二〇二四年一〇月二二日 第一刷発行
二〇二五年 三 月一九日 第四刷発行

著者……鈴《すず》木《き》大《だい》裕《ゆう》
発行者……樋口尚也
発行所……株式会社集英社
東京都千代田区一ツ橋二-五-一〇 郵便番号一〇一-八〇五〇
電話 〇三-三二三〇-六三九一（編集部）
〇三-三二三〇-六〇八〇（読者係）
〇三-三二三〇-六三九三（販売部）書店専用

装幀……原 研哉
印刷所……大日本印刷株式会社 TOPPAN株式会社
製本所……加藤製本株式会社
定価はカバーに表示してあります。

ISBN 978-4-08-721335-5 C0237

Printed in Japan

a pilot of wisdom

教育・心理――E

a pilot of wisdom

疎外感の精神病理　和田秀樹

ギフティッドの子どもたち　角谷詩織

ルポ　無料塾「教育格差」議論の死角　おおたとしまさ

なぜ東大は男だらけなのか　矢口祐人

デンマーク流ティーンの育て方　イーベン・ディシング・サンダール　鹿田昌美・訳

働くということ「能力主義」を超えて　勅使川原真衣

集英社新書　好評既刊

社会——B

- 日本人は「やめる練習」がたりてない　野本響子
- 俺たちはどう生きるか　大竹まこと
- 「他者」の起源　ノーベル賞作家のハーバード連続講演録　トニ・モリスン
- 言い訳　関東芸人はなぜM-1で勝てないのか　ナイツ塙宣之
- 自己検証・危険地報道　安田純平ほか
- 都市は文化《アート》でよみがえる　大林剛郎
- 「言葉」が暴走する時代の処世術　太田光／山極寿一
- 性風俗シングルマザー　坂爪真吾
- 美意識の値段　山口桂
- ストライキ2.0　ブラック企業と闘う武器　今野晴貴
- 香港デモ戦記　小川善照
- ことばの危機　大学入試改革・教育政策を問う　東京大学文学部広報委員会・編
- 国家と移民　外国人労働者と日本の未来　鳥井一平
- LGBTとハラスメント　神谷悠一／松岡宗嗣
- 変われ！東京　自由で、ゆるくて、閉じない都市　隈研吾／清野由美
- 東京裏返し　社会学的街歩きガイド　吉見俊哉
- 人に寄り添う防災　片田敏孝
- プロパガンダ戦争　分断される世界とメディア　内藤正典
- イミダス　現代の視点2021　イミダス編集部・編
- 中国法「依法治国」の公法と私法　小口彦太
- 福島が沈黙した日　原発事故と甲状腺被ばく　榊原崇仁
- 女性差別はどう作られてきたか　中村敏子
- 原子力の精神史——〈核〉と日本の現在地　山本昭宏
- ヘイトスピーチと対抗報道　角南圭祐
- 世界の凋落を見つめて　クロニクル2011-2020　四方田犬彦
- 「自由」の危機——息苦しさの正体　藤原辰史／内田樹ほか
- 「非モテ」からはじめる男性学　西井開
- 妊娠・出産をめぐるスピリチュアリティ　橋迫瑞穂
- マジョリティ男性にとってまっとうさとは何か　杉田俊介
- 書物と貨幣の五千年史　永田希
- インド残酷物語　世界一たくましい民　池亀彩
- シンプル思考　里崎智也
- 韓国カルチャー　隣人の素顔と現在　伊東順子

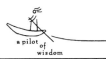